Ursula Summ



# Trennkost

## Vegetarische Küche

FALKEN

# Inhaltsverzeichnis

# Vorwort

*Liebe Leserin,
lieber Leser,*

mit dem Griff zu diesem Buch zeigen Sie Ihr Interesse an einer gesunden Ernährung ohne Fleisch. Dass Sie mit dem Verzicht auf Fleisch weder Genuss noch ein Stückchen Lebenskraft aufgeben, möchte ich Ihnen mit diesem Buch beweisen. Denn wer erst einmal auf den fleischlosen Geschmack gekommen ist, der schwärmt von den leckeren Gemüsegerichten wie dem Aubergineneintopf mit Kokosnuss, dem Pilzrisotto oder der Spinat-Käse-Sauce zu Bandnudeln.

Durch Schlemmen und Genießen ohne Fleisch gewinnt der Mensch zusätzlich an Lebensenergie. Warum dies so ist, ist leicht zu erklären: Fleisch ist schwer verdaulich und wenn es zudem schlecht gekaut wird, kann es schnell zu einem übersäuerten Magen und zu Verdauungsstörungen kommen.

Außerdem hat Fleisch eine stark säurebildende Wirkung und begünstigt Krankheiten wie Gicht, Rheuma und Arterienverkalkung. Menschen, die wenig oder gar kein Fleisch essen, fallen besonders durch ihre Vitalität auf. Studien haben gezeigt, dass diese Personen in der Regel in einer viel besseren körperlichen Verfassung sind als Fleischesser.

Natürlich gibt es auch die Puddingvegetarier, die zwar kein Fleisch essen, sich dafür aber gerne von Weißmehlprodukten und Süßigkeiten ernähren. Probleme wie Müdigkeit und Energielosigkeit sind da noch die geringsten Folgen.

Frisches Gemüse, Obst und vollwertige Getreide sind dagegen Lebensmittel, die dem Menschen eine vitalere Ausstrahlung und damit innere Schönheit schenken. Auch erhöht sich durch eine gesunde Lebensweise die geistige Klarheit.

Essen soll unsere Lebenslust und unser Wohlbefinden erhöhen. Und Essen muss auch schmecken, nur dann kann es gesund sein. Die folgenden Rezepte geben Ihnen schmackhafte Anregungen zum genussreichen vegetarischen Essen. Ich wünsche Ihnen viel Spaß beim Entdecken dieser Köstlichkeiten.

*Herzlichst*

*Ihre Ursula Summ*

# Was ist Trennkost?

Trennkost ist eine seit vielen Jahren beliebte Ernährungsform, die viele zur Gewichtsabnahme einsetzen. Im eigentlichen Sinne ist die Trennkost jedoch keine Diät, sondern eine Ernährungsweise, die jeder sein ganzes Leben lang beibehalten kann, ohne dass Mangelerscheinungen auftreten. Sie geht zurück auf den amerikanischen Arzt Dr. Howard Hay, der durch die Trennkost von einer schweren Erkrankung geheilt werden konnte. Durch die Trennkost wird der Körper entgiftet und gereinigt. Es stellt sich ein natürliches Gleichgewicht zwischen Körper, Geist und Seele her, das durch falsche Ernährungsgewohnheiten, Stress und schädliche Umwelteinflüsse verloren gegangen war. Die Gewichtsabnahme bei Übergewichtigen bzw. Gewichtszunahme bei Untergewichtigen ist eine positive Begleiterscheinung der Trennkost, die bereits vielen zur Erreichung ihres Traumgewichtes verholfen hat.

Das Gute dabei ist, dass Sie im Gegensatz zu den meisten Diäten weiterhin das essen können, was Sie immer gegessen haben, nur in einer anderen Reihenfolge. Es kommt hier besonders auf die harmonische Zusammenstellung der einzelnen Nahrungsmittel an. Dadurch werden die Verdauungsorgane entlastet und der Stoffwechsel kann besser funktionieren. Man fühlt sich einfach wohler in seiner Haut.

## *Die vegetarische Variante*

Trennkost auf vegetarische Art, diese Kombination verspricht jede Menge Genuss und Vitalität. Für all diejenigen, die entweder grundsätzlich oder auch nur hin und wieder zwar auf Fleisch aber nicht auf das bewährte Prinzip der Trennkost verzichten wollen, bietet dieses Buch jede Menge Rezeptideen. Denn noch nie war der Trend zur fleischlosen Ernährung so groß wie gerade jetzt. Kein Wunder – die Schreckensmeldungen von BSE, Maul- und Klauenseuche oder dem Kälberhormonskandal haben vielen die Lust auf Fleisch genommen. Die Verbraucher sind verunsichert und das Vertrauen in die Fleischindustrie ist gebrochen. Da liegt es nahe, mal ganz auf Fleisch zu verzichten und sich der vegetarischen Küche hinzuwenden, die jede Menge leckere Speisen zu bieten hat. Wenn Sie bereits ein „eingefleischter" Trennköstler sind, so haben Sie wahrscheinlich schon gemerkt, wie einfach es ist, auf das berühmte große Stück Fleisch auf dem Teller zu verzichten. Denn in der Trennkost wird ohnehin ein mäßiger Genuss von Fleisch und Wurstwaren empfohlen. Fleisch zählt zu den säurebildenden Nahrungsmitteln, welche bei übermäßigem Genuss zu einer Übersäuerung des Körpers (siehe Seite 6) führen können.

Nehmen Sie sich einfach die Zeit und schauen Sie auf dem nächsten Wochenmarkt, welch große Auswahl an einheimischen und exotischen Obst- und Gemüsesorten uns dort geboten wird. Da fällt einem ein Verzicht auf Fleisch, sofern es überhaupt einer für

Sie sein sollte, nicht schwer. Sie werden schnell bemerken, dass Ihnen die vegetarische Trennkost viel Kraft und Vitalität schenkt und nebenbei nehmen Sie noch das eine oder andere Pfündchen zu viel ab.

Denn noch gesünder geht es wirklich nicht! Durch den Verzicht von Fleisch nehmen wir mehr Obst, Gemüse und Vollkornprodukte zu uns. Dies trägt zu einer höheren Zufuhr von Ballaststoffen, Vitaminen und Mineralstoffen bei. Ihr Wohlbefinden sowie ihre Vitalität werden dadurch gestärkt. Außerdem werden geringere Mengen an tierischem Fett, Cholesterin und Purinen aufgenommen. Dies wirkt sich positiv auf Krankheiten wie Fettstoffwechselstörungen, Gicht oder auch bei Übergewicht aus.

Worauf sollten Sie bei der vegetarischen Ernährung achten? Die in diesem Buch vorgestellte Form der vegetarischen Ernährung mit dem Einsatz von Milch und Milchprodukten sowie von Eiern, auch ovolaktovegetabil genannt, ist bei einer ausgewogener Lebensmittelauswahl für den Gesunden als Dauerkost ohne Bedenken geeignet. Eine strenge, rein pflanzliche Ernährung (vegan), d. h. ohne Milch, Milchprodukte und Eier, ist allgemein nicht empfehlenswert, da sie ein gutes, umfangreiches Ernährungswissen benötigt, um keine Mangelerscheinungen hervorzurufen. Schwangere und Stillende sollten jedoch aufgrund der besonderen Situation auf eine vegetarische Ernährung auf Dauer verzichten oder ihren Arzt befragen. Bei Kindern ist ebenfalls eine besondere Sorgfalt bei der Auswahl der Lebensmittel geboten, da eine ausreichende Menge aller Nährstoffe für eine gesunde Entwicklung notwendig ist.

Bedenken, dass aufgrund des Verzichtes auf Fleisch ein Eiweißmangel auftreten könnte, sind grundlos. Der tägliche Eiweißbedarf kann gut durch Milch, Milchprodukte, Eier und Hülsenfrüchte gedeckt werden. Beachtung sollte jedoch das Eisen sowie das Vitamin $B_{12}$ finden. Eisen aus tierischen Lebensmitteln ist besser verfügbar als aus pflanzlichen Lebensmitteln. Durch gleichzeitige Kombination pflanzlicher, eisenhaltiger Nahrungsmittel mit Vitamin-C-reichen Produkten kann jedoch die Eisenverfügbarkeit verbessert werden. Beispiele für eisenhaltige pflanzliche Lebensmittel sind Vollkorngetreide, Spinat, Mangold, Fenchel, Hülsenfrüchte und Pfifferlinge. Vitamin-C-reich sind u. a. Zitrusfrüchte und Paprika. Was das Vitamin $B_{12}$ angeht, so sind Fleisch und besonders Leber zwar gute Quellen. Jedoch auch Milch, Milchprodukte und Eier enthalten dieses Vitamin, sodass bei einer ausgewogenen Lebensmittelauswahl kein Mangel auftreten muss.

## *Die Trennung der Lebensmittel*

Obwohl die Trennkost inzwischen zu einem bekannten Begriff geworden ist, wissen trotzdem noch sehr viele Menschen nicht, wie sie funktioniert. Dabei ist alles ganz einfach. Das Hauptmerkmal dieser Kost ist die grundsätzliche Trennung zwischen Eiweiß und Kohlenhydraten.

Schauen Sie sich jetzt bitte einmal den Trennungsplan auf den Seite 8 bis 10 an. Unter der Überschrift „Eiweißgruppe“ sind die Lebensmittel aufgeführt, die besonders eiweißreich sind, und unter „Kohlenhydratgruppe“ finden Sie die kohlenhydratreichen Nahrungsmittel. Innerhalb einer Mahlzeit dürfen die Lebensmittel beider Gruppen nicht zusammen verzehrt werden. Sinn und Zweck dieser Trennung ist es, eine gewisse Ordnung in den Verdauungsprozess zu bringen, denn die eiweißreichen Lebensmittel benötigen ein saures Milieu im Magen-Darm-Trakt und die kohlenhydratreiche Nahrung benötigt ein basisches Milieu, um ordnungsgemäß verdaut zu werden. Möglicherweise empfinden Sie diese Zuordnung als widersprüchlich. Sie beruht aber auf den langjährigen Erfahrungen Dr. Hays. So sind zum Beispiel die gesäuerten Milchprodukte, wie Joghurt oder Quark, eiweißreich, gelten aber dennoch nach der Trennkostlehre als neutral, da das Eiweiß durch die Säuerung verändert wurde und so leichter verdaulich ist.

Zu den neutralen Nahrungsmitteln gehören nach dem Verständnis der Trennkostlehren unter anderem alle Fette, naturbelassenen Öle und Butter, sowie alle fettreichen Nahrungsmittel. Und das hat folgenden Grund: Fett wird nicht im Magen, sondern erst im oberen Teil des Dünndarms verdaut. Somit stört es den vorangegangenen Verdauungsprozess nicht. Trotz allem sollten Fette, besonders die tierischen Fette, nicht zu häufig und auch nie in großen Mengen verzehrt werden.

Überhaupt ist es besser, einige Nahrungsmittel nicht zu häufig zu verzehren. Zu diesen gehören weißes Mehl, polierter Reis, Zucker, aber auch Alkohol und Kaffee. Auch wenn Sie solche Nahrungsmittel auf dem Trennungsplan finden, sollten Sie dies keinesfalls als Aufforderung zu reichlichem Verzehr verstehen. Ich möchte Sie an dieser Stelle nur darüber aufklären, zu welcher Gruppe bestimmte Nahrungsmittel gehören. Unter der Überschrift „Bitte meiden Sie" sind die eben erwähnten Lebensmittel noch einmal zusammengefasst.

Dennoch sollten Sie stets selbst entscheiden, ob Sie ein Lebensmittel lieber meiden möchten oder nicht. Ihre persönliche Freiheit liegt mir sehr am Herzen.

## *Das Säure-Basen-Gleichgewicht*

Der menschliche Körper besteht laut Dr. Hay hauptsächlich aus basischen Elementen. Dementsprechend empfiehlt er, dass auch die täglichen Mahlzeiten zu einem Großteil aus pflanzlichen Lebensmitteln (Basenbildnern) bestehen sollen, um das natürliche Gleichgewicht des Organismus nicht zu stören. Werden zu wenig Gemüse, Salate, Rohkost und Obst gegessen, kann es zu einem Mangel an wertvollen basischen Mineralstoffen kommen. Der Körper wird sauer und muss auf die eigenen Mineralstoffdepots zurückgreifen.

Eine Übersäuerung des Körpers kann zu Sodbrennen, Blähbauch, aber auch zu Gicht, rheumatischen Entzündungen oder Stoffwechsel-

erkrankungen (darunter fällt auch das extreme Übergewicht) führen. Aus dem Grund empfiehlt es sich, neben der Trennung der einzelnen Nahrungsmittel, zusätzlich auf eine basenüberschüssige Kost zu achten und weniger von den Nahrungsmitteln zu essen, die im Körper saure Rückstände hinterlassen.

Dr. Hay zählte die eiweißreichen Nahrungsmittel wie Käse, Eier, aber auch verschiedene Kohlenhydrate wie Zucker, geschältes Getreide und polierten Reis zu den Säurebildnern. Auch Kaffee, schwarzer Tee, Kakao, Alkohol, Nikotin und einige Medikamente hinterlassen nach ihrem Verzehr saure Rückstände im Körper. Daneben kann durch familiären oder beruflichen Stress, Lärm, Ärger, plötzlichen Schreck oder übermäßigen Sport der Säurewert im Blut in Sekundenschnelle ansteigen.

Zum Glück verfügt der menschliche Organismus über ein gut funktionierendes Puffersystem, sodass dieser Säureüberschuss ausgeglichen werden kann. Der gesunde Organismus ist zudem in der Lage, alle belastenden Substanzen in der Leber abzubauen und über Nieren, Darm, Lunge und Haut wieder auszuscheiden.

Langfristig kann jedoch selbst der gesündeste Körper eine unaufhörliche Flut von sauren Rückständen nicht verkraften. Neben einer harmonischen Lebensweise können wir ein dauerhaftes Säure-Basen-Gleichgewicht nur erreichen, wenn wir unseren Körper mit allen lebensnotwendigen Stoffen versorgen und ihn nicht unnötig durch falsche Ernährung und stressreiche Konflikte belasten.

## *Qualität ist wichtig*

Neben der Trennung der Lebensmittel und der Beachtung des Säure-Basen-Gleichgewichtes ist der dritte sehr wichtige Punkt der Trennkostlehre die Natürlichkeit und die Vollwertigkeit der Nahrung.

In der Praxis heißt dies: Kaufen Sie nur Lebensmittel bester Qualität ein – dies wirkt sich positiv auf Ihren Körper aus. Bevorzugen Sie frisches Gemüse und Obst aus ökologischem oder integriertem Anbau oder dem eigenen Garten. Weitere gute Angebote finden Sie im Bioladen, Reformhaus, Wochenmarkt oder kleinen Fachgeschäften. Auch Brot und Brötchen, aus Vollkornmehl gebacken, haben durch ihre Nährstoffdichte einen höheren Gesundheitswert.

Vollwertig essen heißt, auf industriell hergestellte Kost zu verzichten. Lassen Sie Fertigkost, Lightprodukte oder solche Nahrungsmittel, die ein langes Haltbarkeitsdatum aufweisen, im Regal stehen. Industriell hergestellte und stark verarbeitete Lebensmittel enthalten meist künstliche Zusatzstoffe, Konservierungsmittel, Farbstoffe sowie Geschmacksverstärker. Zwar sind diese Produkte für das Auge schön und durch die geschmacksverstärkenden Aromastoffe für den Gaumen äußerst reizvoll, doch wurden sie ihrer Natürlichkeit beraubt. Diese Nahrung dient jetzt nur noch der Sättigung und der Geschmacksbefriedigung. Hinzu kommt, dass die darin enthaltenen geschmacksverstärkenden Zusatzstoffe den Appetit übermäßig anregen.

Generell gilt, dass naturbelassene Nahrung schneller sättigt. So hat zum Beispiel Honig fast die gleiche Kalorienzahl wie die von der Industrie hergestellten Süßigkeiten, mit dem kleinen Unterschied, dass nach dem Genuss von 2 bis 3 Esslöffeln Honig im Körper ein Widerwillen gegen diese Süße entsteht. Bei Pralinen oder Ähnlichem wird der Appetit aber erst so richtig geweckt.

Dass heute immer mehr Menschen zu Fertiggerichten und Fast Food greifen, liegt offensichtlich am Zeitmangel. Erst zu planen, dann einzukaufen und anschließend die Speisen noch zuzubereiten, ist gerade für Berufstätige oftmals unmöglich. Auch die Unwissenheit über die Zusammenhänge zwischen der eigenen Gesundheit und der Ernährung spielt eine sehr wichtige Rolle. Würde der Mensch das Ergebnis einer falschen Ernährungsweise gleich spüren, würde sich manches sehr schnell ändern.

Die Trennkost ist eine Ernährungsform, die dem Körper alles liefert, was er zur Gesunderhaltung braucht. Wenn Sie die Rezepte aus diesem Buch ausprobieren, werden Sie überrascht sein, wie köstlich und abwechslungsreich gesunde Ernährung sein kann.

Der nachfolgende Trennungsplan gibt Ihnen einen schnellen Überblick über die 3 Lebensmittelgruppen, die in der Trennkost nur nach bestimmten Regeln verzehrt werden sollen. Am Anfang werden Sie vielleicht noch des Öfteren nachschlagen müssen. Aber bald schon wissen Sie, dass zum Beispiel Käse mit mindestens 60 % Fett i. Tr. zur neutralen Gruppe gehört. Während Käsesorten mit weniger Fett zur Eiweißgruppe zählen.

Mit der Zeit kennen Sie alle Ausnahmen wie beispielsweise die, dass gekochte Tomaten der Eiweißgruppe zugeordnet sind, wenngleich rohe Tomaten wie fast alle Gemüse zur neutralen Gruppe gehören.

# Der Trennungsplan

## Tipps

**Obst**
Obwohl Obst keine Säuren bildet, wird es zur Eiweißgruppe gezählt. Denn Obst, das ja meist viel Fruchtsäure enthält, kann die Verdauung von kohlenhydratreichen Lebensmitteln behindern.

**Panieren**
Verwenden Sie zum Panieren von Lebensmitteln aus der Eiweißgruppe kein Paniermehl, sondern Sesamsamen, gemahlene Mandeln oder gemahlene Nüsse, alles neutrale Lebensmittel.

**Zitronensaft**
Zitronensaft darf auch zum Abschmecken von Gerichten aus der neutralen Gruppe verwendet werden.

**Wein und Bier**
Zu besonderen Gelegenheiten oder festlichen Anlässen kann man zu Eiweißmahlzeiten ein Glas trockenen Wein und zu Kohlenhydratemahlzeiten ein Glas Bier trinken.

Hier sehen Sie, welche Lebensmittel in welche Gruppe gehören. Damit ist der erste Schritt für die richtige Trennkost gemacht.

## Was Sie vermeiden sollten

**weißes Mehl**
und daraus hergestellte Produkte
*Hier fehlen Vitamine und Ballaststoffe.*

**polierter Reis**
*Hier fehlen Vitamine und Ballaststoffe.*

**Zucker**
und damit hergestellte Produkte
*Zucker lässt den Blutzucker in Sekundenschnelle ansteigen. Insulin nimmt zwar die Zuckerstoffe wieder heraus, verwandelt sie aber in Fette.*

**Süßstoffe**
*Süßstoffe erzeugen Hunger und werden aus diesem Grund in der Schweinemast eingesetzt.*

**Fertiggerichte und Konserven**
*Hier fehlen wichtige Mineralstoffe und Vitamine. Außerdem wird durch Geschmacksverstärker der Appetit übermäßig angeregt.*

**rohes Eiweiß von Eiern**
*Hier besteht die Gefahr von Bakterien, zum Beispiel Salmonellen.*

**Getrocknete Hülsenfrüchte**
z.B. Erbsen, Bohnen, Linsen
*Diese sind schwer verdaulich, da Eiweiße und Kohlenhydrate in fast gleich großen Mengen vorhanden sind.*

**Erdnüsse**
*Sie gehören zu den Hülsenfrüchten und sind ebenfalls schwer verdaulich.*

**Preiselbeeren**
*Diese Früchte sollte man wegen des hohen Zuckergehalts meiden.*

**fertige Mayonnaise**
*Mayonnaisen werden oft aus minderwertigen Ölen hergestellt. Reformhausmayonnaise oder Mayonnaisen mit Verweis auf das eingesetzte, hochwertige Öl können verwendet werden.*

**gehärtete Fette**
z. B. Margarinen mit gehärteten Fette, weiße, feste Frittier- und Plattenfette
*Gehärtete Fette treiben bedingt den Körpercholesterinspiegel in die Höhe. Gehärtete Fette stecken in vielen Fertiggerichten, Süßwaren, Gebäck und Eis.*

**Koffein, Zucker, Alkohol, schwarzer Tee, Kaffee, Kakao, Limonaden, Malzbier, hochprozentige Spirituosen**
*Koffein (auch im Tee enthalten), Zucker und Alkohol zählen zu den Genussmitteln und sind zudem Säurebildner.*

## Eiweißgruppe

### Obst

**Weintrauben**

**Beerenfrüchte**
z. B. Erdbeeren, Himbeeren, Brombeeren, Johannisbeeren (Ausnahmen: Heidelbeeren, die sind neutral, und Preiselbeeren, die sollten ganz vermieden werden)

**Kernobstsorten**
z. B. säuerliche Äpfel, Birnen und Quitten (Ausnahme: mürbe, süße Äpfel, die gehören zur Kohlenhydratgruppe)

**Steinobstsorten**
z. B. Pfirsiche Aprikosen, Pflaumen und Kirschen

**Zitrusfrüchte**
z. B. Orangen, Mandarinen, Zitronen und Grapefruits

**exotische Obstsorten**
z. B. Mango, Maracuja, Kiwi, Papaya, Ananas, Litschis (Ausnahmen: Bananen, frische Feigen und frische Datteln gehören zur Kohlenhydratgruppe)

### Eier, Milch und Käse

**Eier, Eiweiß und Eigelb**
(rohes Eiweiß möglichst vermeiden)

**Milch**
alle Trinkmilchsorten

**Käse**
Käsesorten bis zu 60 % Fett i. Tr., z. B. Harzer Käse, Edamer, Emmentaler, Gouda, Tilsiter (achten Sie auf die Fettangaben auf der Verpackung). Ausnahmen: Schafs- und Ziegenkäse, Mozzarella, Feta und Hüttenkäse gehören zur neutralen Gruppe

### Getränke

**Erfrischungsgetränke**
kalter Früchtetee, Obstsäfte, mit Wasser verdünnte Obstsäfte

**Heiße Getränke**
Früchtetee

**Alkoholische Getränke**
Apfelwein, herber Weiß-, Rot- und Roséwein, trockener Sekt

### Sonstiges

**Sojaprodukte**
z. B. Tofu, mit Soja hergestellte Brotaufstriche

**gekochte Tomaten**

## Neutrale Gruppe

Diese Lebensmittel sind gesund und enthalten wenig Fett. Davon dürfen Sie so viel essen, wie Sie mögen!

### Obst und Gemüse

**alle Gemüse**
z. B. Artischocken, Avocados, Brokkoli, grüne Bohnen, Chinakohl, grüne Erbsen, Fenchel, Gurken, Knoblauch, Kohlrabi, Lauch, frischer Mais, Mangold, Möhren, Paprikaschoten, Radieschen, Rettich, Rote Bete, Rosenkohl, Sauerkraut, Spargel, Spinat, rohe Tomaten, Weißkohl, Zwiebeln, Zucchini

**Blattsalate**
z. B. Kopfsalat, Endiviensalat, Feldsalat, Eisbergsalat, Rauke, Römischer Salat, Radicchio

**Pilze**
z. B. Austernpilze, Champignons, Pfifferlinge, Steinpilze

**Keime und Sprossen**
z. B. Mungobohnenkeimlinge, Alfalfa-, Sojabohnensprossen

### Sonstiges

**Gewürze**
Kräuter, Gewürze, Zitrusschalen

**Getränke**
Kräutertees, Rotbuschtee, Gemüsesäfte, Getreidekaffee

**Geliermittel**
Gelatine, Agar-Agar, Nestargel oder Biobin (Reformhaus)

Diese Lebensmittel sollten Sie aufgrund ihrer Zusammensetzung nur sparsam einsetzen!

### Milchprodukte

**Gesäuerte Milchprodukte**
z. B. Joghurt, Quark, vergorenes Molkekonzentrat (Molkosan)

**Fettreiche Milchprodukte**
z. B. süße Sahne, Crème fraîche

**Käse**
alle Käsesorten ab 60 % Fett i. Tr. sowie alle Weißkäsesorten, z. B. Schafs- und Ziegenkäse, Feta, Mozzarella, körniger Frischkäse

### Fettreiche Lebensmittel

**Öle, Margarine, Butter**
Öle und Margarine mit einem hohen Anteil an ungesättigten Fettsäuren bevorzugen, Margarine mit gehärteten Fetten meiden.

**Nüsse, Mandeln, Samen**

### Sonstiges

**ungeschwefelte Rosinen, Oliven, Eigelb, Hefe, Gemüsebrühe**

## Kohlenhydratgruppe

### Getreide, Brot, Reis

**Vollkorngetreide**
Vollkorngetreide und Produkte aus Vollkorngetreide

### Kartoffeln, Gemüse, Obst

**Kartoffeln, Grünkohl, Schwarzwurzeln, Topinambur**

**Bananen; mürbe, süße Äpfel; frische Feigen; frische Datteln**

**ungeschwefeltes Trockenobst**
(Ausnahme: Rosinen gehören zur neutralen Gruppe)

### Süßungsmittel

**Frutilose, Honig, Ahornsirup, Birnen- und Apfeldicksaft**
Süßungsmittel dürfen in kleinen Mengen auch zum Abschmecken von neutralen und Eiweißgerichten verwendet werden.

### Sonstiges

**Bier, Kartoffelstärke, Weinsteinbackpulver, Puddingpulver** (ohne Farbstoff), **Carobe** (das Pulver wird wie Kakao verwendet und ist in Naturkostläden erhältlich)

# Hinweise zu den Rezepten

## Trennkostgruppen

Damit Ihnen die Zuordnung der Rezepte in die drei Lebensmittelgruppen leichter fällt, finden Sie vor jedem Rezeptnamen einen kleinen Hinweis:

**K** = Kohlenhydratgruppe

**E** = Eiweißgruppe

**N** = Neutrale Gruppe

## Portionsangaben

Bei jedem Rezept steht dabei, wie viele Portionen es ergibt. Wenn Sie davon mehr zubereiten möchten, können Sie die Zutatenmengen in der Regel problemlos verdoppeln.

## Kalorien- und Mengenangaben

Die Angaben zu Kilokalorien (kcal) beziehen sich immer auf 1 Portion oder 1 Stück. Die Zutatenmengen beziehen sich in der Regel auf ungeputzte Rohware.

## Zubereitungszeit

Die Zubereitungszeit beinhaltet sowohl die Vorbereitungszeit (waschen, putzen, klein schneiden) als auch die Garzeit. Besondere Zeiten, wie Backzeit, Kühlzeit, Marinierzeit etc. sind extra ausgewiesen. Es handelt sich dabei um Durchschnittswerte.

## Zutaten

Einige der in den Rezepten verwendeten Zutaten sind im Naturkosthandel (Reformhäuser, Bioläden) erhältlich, z. B. Meersalz, vegetarische Gemüsebrühe (Instantpulver).

## Abkürzungsverzeichnis

| | |
|---|---|
| TL | = Teelöffel (gestrichen) |
| EL | = Esslöffel (gestrichen) |
| g | = Gramm (1000 g = 1 kg) |
| kg | = Kilogramm |
| ml | = Milliliter (1000 ml = 1 l) |
| l | = Liter |
| Msp. | = Messerspitze |
| Std. | = Stunde(n) |
| Min. | = Minute(n) |
| kcal | = Kilokalorien (1 kcal = 4,2 kJ) |
| kJ | = Kilojoule |
| Fett i.Tr. | = Fett in der Trockenmasse |
| P. | = Päckchen |
| getr. | = getrocknet |
| Pr. | = Prise |
| geh. | = gehackt |
| gem. | = gemahlen |
| veg. | = vegetarisch |
| TK – … | = Tiefkühl- … |
| °C | = Grad Celsius |
| ø | = Durchmesser |

# Rezepte

## K Champignoncremesuppe

**Zubereitungszeit: ca. 20 Min.**
**für 2 Personen**
**ca. 190 kcal pro Portion**

*250 g Champignons*
*1 kleine Zwiebel*
*1 EL Butter*
*2 EL Dinkelvollkornmehl*
*350 ml veg. Gemüsebrühe (Instant)*
*4 EL Sahne*

1. Die Pilze sorgfältig mit Küchenkrepp abreiben, putzen und feinblättrig aufschneiden. Die Zwiebel schälen, würfeln und in der Butter glasig dünsten. Die Pilze hinzufügen, mit dem Mehl bestäuben und zart bräunen. 6 Esslöffel gebratene Champignons beiseite legen.

2. Die Pilz-Zwiebel-Mischung mit der Gemüsebrühe auffüllen, kurz aufkochen lassen und alles pürieren.

3. Anschließend die Suppe mit der Sahne verfeinern und auf 2 Teller verteilen. Von den gebratenen Champignons jeweils 3 Esslöffel in die Suppe geben.

### Tipp

Vollkornmehl eignet sich in vielen Fällen besser zum Andicken von Suppen oder Saucen als weißes Mehl, da es weniger leicht klumpt.

## N Kalte Sommersuppe

**Zubereitungszeit: ca. 20 Min.**
**Kühlzeit: ca. 15 Min.**
**für 2 Personen**
**ca. 170 kcal pro Portion**

*1/2 große Salatgurke*
*1 kleine Zucchini*
*2 Frühlingszwiebeln*
*1 Knoblauchzehe*
*2 EL kaltgepresstes Olivenöl*
*300 ml veg. Gemüsebrühe (Instant)*
*50 g saure Sahne*
*3 EL frisch gehackte Kräuter (z. B. Dill, Petersilie, Kerbel)*

1. Die Gurke schälen, der Länge nach vierteln und die Kerne mit einem Löffel herausschaben. Die Zucchini waschen und das Stielende abschneiden. Die Gurke und die Zucchini in grobe Stücke schneiden.

2. Die Frühlingszwiebeln putzen, waschen und in Ringe schneiden. Den Knoblauch schälen und in kleine Stücke hacken.

3. Das Öl in einem Topf erhitzen, die Zwiebelringe und den Knoblauch darin glasig dünsten. Die Gurken- und Zucchiniwürfel dazugeben, kurz schmoren und alles mit der Brühe ablöschen. Das Ganze zugedeckt etwa 10 Minuten köcheln lassen.

4. Anschließend alles mit dem Pürierstab fein mixen. Die Suppe abkühlen lassen, dann die saure Sahne unterziehen. Mit den gehackten Kräutern bestreuen und kalt servieren.

## K Kartoffelsuppe mit Majoran

**Zubereitungszeit: ca. 35 Min.**
**für 2 Personen**
**ca. 270 kcal pro Portion**

*200 g Kartoffeln*
*100 g Möhren*
*1 kleine Stange Lauch*
*1–2 EL Butter*
*1 Zweig frischer Majoran*
*600 ml veg. Gemüsebrühe (Instant)*
*1–2 EL gehackte Petersilie*
*2 EL saure Sahne*
*1 TL Rosenpaprika*

1. Die Kartoffeln und die Möhren schälen und beides in kleine Würfel schneiden.

2. Den Lauch längs halbieren, gründlich waschen und in feine Streifen schneiden.

3. Die Butter in einem Topf zerlassen und das Gemüse unter Rühren anbraten. Mit dem Majoran bestreuen und die Gemüsebrühe angießen. Die Suppe zugedeckt etwa 15 Minuten köcheln lassen.

4. Das Ganze mit dem Pürierstab pürieren und die Petersilie darüber streuen.

5. Die Suppe heiß servieren und pro Portion mit 1 Esslöffel saurer Sahne garnieren, mit Rosenpaprika bestäuben.

### *Warenkunde*

Kartoffeln enthalten reichlich hochwertiges Eiweiß sowie viel Vitamin C. Allerdings nimmt der Vitamin-C-Gehalt mit zunehmender Lagerzeit immer mehr ab. Bereits nach 3 Monaten beträgt er etwa 70 %, nach 6 Monaten nur noch 50 %.

## E Tomatensuppe

**Zubereitungszeit: ca. 35 Min.**
**für 2 Personen**
**ca. 360 kcal pro Portion**

*100 g Knollensellerie*
*1 Zwiebel*
*1–2 Knoblauchzehen*
*1/2 kleiner Bund Petersilie*
*600 g reife Tomaten*
*2 EL kaltgepresstes Olivenöl*
*1/8 l trockener Rotwein*
*1/4 TL Chilipulver*
*2 EL veg. Gemüsebrühe (Instant) zum Würzen*
*1/2 TL Honig*
*6 EL Sahne*
*8 Basilikumblättchen*

1. Den Sellerie schälen, waschen und klein würfeln. Die Zwiebel und den Knoblauch schälen und grob hacken. Die Petersilie waschen, trockenschütteln und von den Stielen zupfen.

2. Die Tomaten waschen, halbieren und in 1/8 l Wasser etwa 5 Minuten kochen. Die gekochten Tomaten durch ein Sieb streichen.

3. Das Öl in einem Topf erhitzen. Sellerie, Zwiebel und Knoblauch darin anbraten. Die passierten Tomaten sowie die Petersilie dazugeben und den Rotwein angießen. Mit Chili, Gemüsebrühe und Honig würzen. Zugedeckt etwa 15 Minuten köcheln lassen.

4. Anschließend die Suppe mit dem Pürierstab fein mixen und mit der Sahne verfeinern. Die gewaschenen Basilikumblättchen darüber streuen.

### *Tipp*

Verwenden Sie für dieses Gericht nur reife Tomaten. Noch aromatischer schmeckt die Suppe, wenn Sie italienische Flaschentomaten nehmen.

## N Mandelcremesuppe

**Zubereitungszeit: ca. 30 Min.**
**für 2 Personen**
**ca. 370 kcal pro Portion**

*125 g ganze Mandeln*
*1 kleine Zwiebel*
*1–2 Knoblauchzehen*
*1 1/2 EL kaltgepresstes Olivenöl*
*400 ml veg. Gemüsebrühe (Instant)*
*1 Msp. geriebene Muskatnuss*
*3 EL Mandelblättchen*
*1 EL gehackte Petersilie*

1. Die Mandeln mit kochendem Wasser überbrühen, kurz abschrecken und häuten. Die Zwiebel und die Knoblauchzehen schälen und fein würfeln.

2. Das Öl in einem Topf erhitzen und die Zwiebel- und Knoblauchwürfel darin glasig dünsten. Die Mandeln dazugeben und alles einige Minuten unter Rühren anbraten.

3. Mit der Gemüsebrühe auffüllen und etwa 20 Minuten bei mittlerer Hitze zugedeckt köcheln lassen. Anschließend die Suppe mit dem Pürierstab fein mixen und mit der geriebenen Muskatnuss abschmecken.

4. In der Zwischenzeit die Mandelblättchen in einer Pfanne ohne Fett goldbraun rösten. Die Suppe mit den Mandelblättchen und der gehackten Petersilie bestreuen.

### Tipp

Mandeln sollten immer mit dem braunen Schalenhäutchen gekauft werden, da sie so ihr feines Aroma besser behalten.

## K Knoblauch-Champignon-Suppe

**Zubereitungszeit: ca. 25 Min.**
**für 2 Personen**
**ca. 190 kcal pro Portion**

*3 Knoblauchzehen*
*200 g Champignons*
*2 EL kaltgepresstes Olivenöl*
*2 EL Semmelbrösel*
*2 EL gehackte Petersilie*
*½ l veg. Gemüsebrühe (Instant)*
*etwas Kräutersalz*
*1 EL Sherry*

1. Den Knoblauch schälen. Die Champignons mit Küchenkrepp abreiben, die Stiele und eventuell braune Stellen abschneiden. Den Knoblauch und eine Hälfte der Champignons fein würfeln. Die restlichen Pilze in dünne Scheiben schneiden.

2. In einem Topf 1 Esslöffel Öl erhitzen. Den Knoblauch und die Pilze darin unter Rühren andünsten. 1 Esslöffel Öl in einem zweiten Topf erhitzen und die Semmelbrösel darin hellbraun anrösten.

3. Semmelbrösel und gehackte Petersilie zu den Pilzen geben und kurz mitbraten. Mit der Gemüsebrühe auffüllen und alles bei mittlerer Hitze etwa 15 Minuten köcheln lassen. Mit Kräutersalz und Sherry abschmecken.

## E Tomaten-Zwiebel-Suppe

**Zubereitungszeit: ca. 30 Min.**
**für 2 Personen**
**ca. 210 kcal pro Portion**

### Tipp

In der Trennkostlehre gehören gekochte Tomaten in die Eiweißgruppe, da durch den Kochprozess saure Bestandteile freigesetzt werden. Rohe Tomaten sind dagegen neutral.

*300 g Tomaten*
*2 Zwiebeln*
*2 EL Butter*
*½ l veg. Gemüsebrühe (Instant)*
*4 EL Rotwein*
*1 Lorbeerblatt*
*1 TL Frutilose*
*etwas Kräutersalz*

1. Die Tomaten über Kreuz einritzen, mit kochendem Wasser überbrühen, abschrecken und enthäuten. Die Tomaten vierteln, entkernen und die Stielansätze abschneiden. Das Fruchtfleisch fein würfeln.

2. Die Zwiebeln schälen und in feine Ringe schneiden. Die Butter in einem Topf zerlassen und die Zwiebeln darin unter Wenden glasig andünsten.

3. Die Zwiebeln mit der Gemüsebrühe ablöschen. Tomatenwürfel, Wein, Lorbeerblatt und Frutilose dazugeben und alles etwa 15 Minuten leicht köcheln lassen. Die Suppe mit Kräutersalz abschmecken.

## K Kartoffelsuppe

**Zubereitungszeit: ca. 30 Min.**
**für 2 Personen**
**ca. 350 kcal pro Portion**

*1 kleine Zwiebel*
*1 Knoblauchzehe*
*1 EL Öl*
*300 g Kartoffeln*
*1/2 l veg. Gemüsebrühe (Instant)*
*1 Stange Staudensellerie*
*2 EL Butter*
*1 Scheibe Vollkorntoastbrot*
*etwas Kräutersalz*
*2 EL saure Sahne*
*etwas Paprikapulver*
*1 EL Schnittlauchröllchen*

1. Die Zwiebel und den Knoblauch schälen und beides grob hacken. Das Öl in einem Topf erhitzen und Zwiebel sowie Knoblauch darin goldgelb dünsten.

2. Inzwischen die Kartoffeln schälen, waschen, grob würfeln und in den Topf geben. Mit Gemüsebrühe auffüllen und alles zum Kochen bringen.

3. Den Sellerie putzen, waschen, klein schneiden und zur Suppe geben. Alles weitere 15 Minuten leicht köcheln lassen.

4. Inzwischen in einer Pfanne die Butter zerlassen und die Toastbrotscheibe darin von beiden Seiten knusprig braten. Abkühlen lassen und mit einer Gabel zerbröckeln.

5. Die fertig gegarte Suppe fein pürieren und mit Kräutersalz würzen. Auf 2 Teller verteilen, die Brotstückchen und jeweils einen Klecks saure Sahne dazugeben. Mit Paprikapulver und Schnittlauch bestreuen.

## K Reisnudelsuppe

**Zubereitungszeit: ca. 20 Min.**
**für 2 Personen**
**ca. 160 kcal pro Portion**

*100 g Reisnudeln*
*100 g thailändischer Senfspinat (ersatzweise Blattspinat)*
*75 g Sojabohnensprossen*
*1 Knoblauchzehe*
*1 TL Öl*
*2 EL Sojasauce*
*etwas Meersalz*
*etwas Cayennepfeffer*
*1 EL geh. Korianderblättchen*

1. Die Reisnudeln in eine Schüssel geben, mit heißem Wasser übergießen und etwa 5 Minuten einweichen lassen. Die Nudeln abgießen und mit der Schere einige Male durchschneiden.

2. Den Spinat waschen und die harten Stiele entfernen. Die Sojabohnensprossen kurz abspülen. Den Knoblauch schälen und fein hacken. Das Öl in einem Wok erhitzen und den Knoblauch darin goldgelb braten.

3. Anschließend 400 ml Wasser, Sojasauce, Salz und Cayennepfeffer hinzufügen und die Flüssigkeit zum Kochen bringen. Spinat und Sojabohnensprossen in die Suppe geben und einmal aufkochen lassen. Die Reisnudeln hinzufügen. Die Suppe nochmals aufkochen lassen und mit Koriander bestreuen.

## N Gemüsesuppe mit Ingwer

**Zubereitungszeit: ca. 30 Min.**
**für 2 Personen**
**ca. 90 kcal pro Portion**

*1 Schalotte*
*1 kleine Knoblauchzehe*
*1 Stück Ingwer (ca. 2 cm)*
*75 g Petersilienwurzeln*
*1 Möhre*
*1/2 Stange Lauch*
*1/2 Fenchelknolle*
*1 EL Butter*
*300 ml veg. Gemüsebrühe (Instant)*
*etwas Meersalz*
*1 Pr. gem. Anis*
*1 EL geh. Korianderblättchen*

1. Schalotte, Knoblauch, Ingwer, Petersilienwurzeln und die Möhre schälen, eventuell waschen und alles fein würfeln. Den Lauch putzen, waschen und in schmale Ringe schneiden. Den Fenchel putzen, waschen und in feine Scheiben schneiden.

2. Die Butter in einem Wok zerlassen. Schalotte, Knoblauch, Ingwer und das Gemüse darin einige Minuten anbraten. Die Brühe hinzufügen und alles zugedeckt bei schwacher Hitze garen.

3. Die Suppe anschließend pürieren und mit Salz sowie Anis abschmecken. Die gehackten Korianderblättchen darüber streuen.

### Warenkunde

Der würzig scharfe Ingwer darf in der asiatischen Küche nicht fehlen: Er gehört zu den wichtigsten Gewürzen, wird aber auch als delikates Gemüse zu Fleisch und Geflügel serviert.

## E Apfel-Sellerie-Salat

**Zubereitungszeit: ca. 45 Min.**
**für 2 Personen**
**ca. 270 kcal pro Portion**

***Für den Salat:***
*1 Sellerieknolle (ca. 300 g)*
*3 saftige Äpfel*
*1 EL Zitronensaft*

***Für die Sauce:***
*175 g Sahnedickmilch*
*1 EL Zitronensaft*
*1 TL Apfeldicksaft*
*1/2 TL Meersalz*
*1 kleiner Bund glatte Petersilie*
*1 TL Paprikapulver (edelsüß)*

1. Die Sellerieknolle waschen und ungeschält in reichlich kochendem Wasser 20 bis 25 Minuten garen. Danach abkühlen lassen, schälen und die Knolle in dünne Scheiben hobeln.

2. Die Äpfel waschen, vierteln, das Kerngehäuse herausschneiden und die Früchte ebenfalls in dünne Scheiben schneiden. Sofort mit dem Zitronensaft beträufeln.

3. Für die Sauce die Sahnedickmilch mit dem Zitronensaft, dem Apfeldicksaft und dem Salz verrühren. Die Petersilie waschen, hacken und unterrühren.

4. Die Sellerie- und Apfelscheiben mit der Sauce mischen und mit dem Paprikapulver bestäuben.

## N Zucchinisalat

**Zubereitungszeit: ca. 20 Min.**
**für 2 Personen**
**ca. 140 kcal pro Portion**

*2 kleine Zucchini*
*1 1/2 EL kaltgepresstes Olivenöl*
*1 Knoblauchzehe*
*etwas Meersalz*
*2 Tomaten*
*10 schwarze Oliven*
*10 gehackte Basilikumblättchen*

1. Die Zucchini waschen, Stielansätze abschneiden und die Früchte in dünne Scheiben schneiden.

2. Das Öl in einer Pfanne nicht zu stark erhitzen und die Zucchinischeiben darin andünsten. Den Knoblauch schälen, durch eine Presse zu den Zucchini drücken und alles leicht salzen.

3. Danach die Pfanne vom Herd nehmen und die Zucchinischeiben auskühlen lassen. Sie anschließend spiralförmig auf einer Platte oder einem Teller anrichten.

4. Die Tomaten waschen, von den Stielansätzen befreien und würfeln. Die Tomatenwürfel mit den Oliven auf den Zucchinisalat geben und mit den Basilikumblättchen bestreuen.

### Tipp

Zucchini sind bis zu einer Länge von 20 cm am schmackhaftesten. Sie sollten immer ungeschält verwendet werden, da ihre Aromastoffe dicht unter der Schale sitzen. Auch die Zucchiniblüte ist essbar. Gefüllt und in heißem Fett gebacken oder in Öl frittiert schmeckt sie sehr gut.

## N Spinat-Schafskäse-Salat

**Zubereitungszeit: ca. 20 Min.**
**für 2 Personen**
**ca. 380 kcal pro Portion**

*400 g frischer Blattspinat*
*6 kleine Champignons*
*1 kleine rote Zwiebel*
*100 g Schafskäse*
*2 EL kaltgepresstes Olivenöl*
*1–2 TL Obstessig*
*100 g Joghurt*
*160 ml Mineralwasser*
*1–2 TL Honig*
*etwas Meersalz*
*6 schwarze Oliven*

1. Den Spinat verlesen, dabei harte Stiele entfernen. Die Spinatblätter gründlich waschen, gut abtropfen lassen und in Streifen schneiden. Auf einem Teller anrichten.

2. Die Champignons sorgfältig mit Küchenkrepp abreiben, die Stiele und eventuell braune Stellen abschneiden. Die Pilze mit dem Messer in feine Scheiben schneiden. Die Zwiebel schälen und in Ringe schneiden. Den Schafskäse würfeln. Alle Zutaten auf dem Spinat verteilen.

3. Für das Dressing das Öl mit Essig, Joghurt, Mineralwasser und Honig verrühren. Mit Salz abschmecken.

4. Die Sauce über den Salat geben und diesen mit den Oliven garnieren.

## N Grüner Salat

**Zubereitungszeit: ca. 15 Min.**
**für 2 Personen**
**ca. 130 kcal pro Portion**

*1 Kopfsalat*
*1 kleine Zwiebel*
*3 EL geh. Kräuter (Kerbel, Petersilie, Schnittlauch)*
*2 EL Sonnenblumenöl*
*2 EL Obstessig*
*1/2 TL Kräutersalz*

1. Den Kopfsalat putzen, waschen und trockenschütteln. Ihn dann in mundgerechte Stücke zupfen.

2. Die Zwiebel schälen und fein hacken. Aus Kräutern, 100 ml Wasser, Öl, Essig und Salz eine Sauce rühren.

3. Die Sauce über den Salat gießen und alles sorgfältig miteinander vermischen. Vor dem Servieren kurze Zeit ziehen lassen.

### *Warenkunde*

Kopfsalat schmeckt am besten, wenn er im Sommer als Freilandsalat geerntet wird. Dann hat er auch die niedrigsten Nitratgehalte, was günstig ist, da zu viel Nitrat im Essen die Bildung von Krebs erregenden Stoffen fördern kann. Die so genannten Wintersalate sind in vielen Geschäften während der kalten Jahreszeit als importierte Freilandware erhältlich. Gute Wintersalate sind Römersalat, Radicchio, Endivie, Bataviasalat, Chicorée und Chinakohl.

## E Brokkolisalat mit grüner Eiersauce

**Zubereitungszeit: ca. 45 Min.**
**für 2 Personen**
**ca. 500 kcal pro Portion**

*500 g Brokkoli*
*Meersalz*
*4 Eier, hartgekocht und gepellt*
*1 Pk. Kräuter für grüne Sauce oder je einige Zweige Petersilie, Pimpernelle, Kerbel, Dill, Schnittlauch, Sauerampfer, Estragon, Zitronenmelisse und Borretsch*
*100 g saure Sahne*
*250 g Buttermilch*
*175 g Sahnedickmilch*
*1 TL Zitronensaft*
*1 EL kaltgepresstes Sonnenblumenöl*
*1 1/2 TL Kräutersalz*

1. Den Brokkoli in kleine Röschen zerteilen. Die Stiele schälen und in kleine Stücke schneiden. Das Gemüse in wenig Salzwasser etwa 12 Minuten bissfest garen.

2. Die Kräuter waschen, trockenschütteln und sehr fein hacken. Die saure Sahne mit Buttermilch, Sahnedickmilch, Zitronensaft, Öl und Kräutersalz verrühren und die Kräuter untermischen.

3. 1 Ei in kleine Würfel schneiden und unter die Sauce heben. Die restlichen Eier halbieren. Den Brokkoli gut abtropfen lassen. Die Sauce darüber geben und mit den Eihälften servieren.

## K Kartoffelsalat „Vital"

**Zubereitungszeit: ca. 45 Minuten**
**für 2 Personen**
**ca. 500 kcal pro Portion**

***Für den Salat:***
*400 g kleine Kartoffeln*
*1 Stück Knollensellerie, ca. 60 g*
*80 g Erbsen, frisch oder TK-Ware*
*250 ml vegetarische Gemüsebrühe (aus Instantpulver hergestellt)*
*1 Stange Lauch*
*1 kleines Bund Radieschen*
*3 EL geschälte Walnüsse*
*1 mürber Apfel*
*5 EL Schnittlauchröllchen*
*4 EL Keimlinge (z. B. Sojasprossen)*

***Für die Sauce:***
*175 g Sahnedickmilch*
*100 g saure Sahne*
*8 EL Gemüsebrühe*
*1 TL frischer oder getr. Majoran*
*Kräutersalz*
*1 TL Frutilose*

1. Die Kartoffeln bürsten, in der Schale kochen, leicht abkühlen lassen und pellen. Anschließend die Kartoffeln in dünne Scheiben schneiden.

2. Inzwischen den Sellerie schälen und in Würfel schneiden. Frische Erbsen palen und beide Gemüsesorten in der Brühe nicht zu weich garen, dann aus der Brühe nehmen und abkühlen lassen. Das Gemüsewasser aufbewahren.

3. Den Lauch putzen, längs aufschlitzen, waschen, trockentupfen und nur das Weiße in sehr feine Ringe schneiden. Die Radieschen putzen, waschen und in Scheiben schneiden.
Die Nüsse grob hacken.
Den Apfel waschen, vierteln, das Kerngehäuse entfernen und das Fruchtfleisch in dünne Scheiben schneiden.
Alle vorbereiteten Zutaten miteinander mischen.

4. Für die Sauce die Sahnedickmilch mit der Sahne und 8 Esslöffeln Gemüsewasser cremig rühren. Mit Majoran, Kräutersalz und Frutilose abschmecken und mit den Salatzutaten mischen. Anschließend den Salat mit den Schnittlauchröllchen und den Keimlingen bestreuen.

### *Warenkunde*

Denken Sie noch „Dickmacher" wenn Sie an Kartoffeln denken? Dann müssen Sie schnell umlernen. Kartoffeln sind keine Dick-, aber hervorragende Sattmacher. Und die Ballaststoffe in der Kartoffel helfen dem Darm auf Trab zu bleiben. Greifen Sie also richtig zu, wenn es diese leckere Knolle gibt. Ihr Mineralstoffhaushalt freut sich auch, denn das in der Karrtoffel enthaltene Kalium ist beteiligt an der Herz- und der Herzmuskeltätigkeit und wichtig für den Wasserhaushalt.
Sollten die Kartoffeln grüne Stellen haben, müssen diese allerdings immer weggeschnitten werden, da sie einen giftigen Stoff, das Solanin, enthalten.

### *Tipp*

Wenn Sie den Kartoffelsalat etwas würziger mögen, können Sie auch einen kräftigen Schafskäse hineingeben. Die Kombination Kartoffel und Käse ist nicht nur lecker, sondern auch eine gute Alternative zu Fleischgerichten.

## E Lollo Rosso mit Orangensauce

**Zubereitungszeit: ca. 30 Min.**
**für 2 Personen**
**ca. 480 kcal pro Portion**

*4 Orangen*
*4 EL kaltgepresstes Olivenöl*
*2 TL Zitronensaft*
*etwas Meersalz*
*1 Kopf Lollo Rosso*
*1 rote Zwiebel*
*1 kleine Fenchelknolle*
*6 schwarze Oliven*
*4 TL Pinienkerne*

1. Zunächst 2 Orangen auspressen. Für das Dressing den Orangensaft mit Olivenöl und Zitronensaft verrühren, mit Salz würzen.

2. Die Salatblätter vom Strunk lösen, waschen, trockenschütteln und in mundgerechte Stücke zerpflücken. Die Zwiebel schälen und in hauchdünne Ringe schneiden. Diese mit dem Dressing mischen.

3. Die restlichen Orangen oben und unten flach abschneiden, auf eine Schnittfläche stellen und die restliche Schale von oben nach unten herunterschneiden. Dabei die weiße Haut vollständig entfernen. Die Filets mit einem kleinen Messer zwischen den Trennwänden herausschneiden und zu den Zwiebelringen geben.

4. Den Fenchel putzen, waschen und mittelfein raspeln. Salatblätter, Fenchel und Oliven auf einem Teller anrichten. Das Dressing mit den Zwiebelringen und den Orangenfilets darüber verteilen und alles mit Pinienkernen bestreuen.

## K Romanasalat mit Knoblauchcroûtons

**Zubereitungszeit: ca. 15 Min.**
**für 2 Personen**
**ca. 310 kcal pro Portion**

***Für den Salat:***
*2 Scheiben Vollkorntoast*
*2 EL Butter*
*1 Knoblauchzehe*
*1 Romanasalat (Römischer Salat)*

***Für das Dressing:***
*2 TL Obstessig*
*120 ml Wasser*
*5 EL süße Sahne*
*1 TL Kräutersalz*
*1 EL kaltgepresstes Olivenöl*
*2 EL gehackte Petersilie*

1. Für die Croûtons zuerst von den Toastbrotscheiben die Rinde abschneiden und anschließend das Brot in kleine Würfel schneiden.

2. Die Butter in einer Pfanne zerlassen und die Brotwürfel darin goldbraun rösten. Den Knoblauch schälen und durch eine Presse dazudrücken.

3. Den Salat putzen, waschen, trockenschleudern und in mundgerechte Stücke teilen.

4. Aus Obstessig, Wasser, Sahne, Kräutersalz und Öl eine Sauce rühren. Die gehackte Petersilie untermischen.

5. Die Sauce über den Salat gießen und mit den Croûtons bestreuen.

### *Tipp*

Romanasalat hat einen dichten länglichen Kopf mit dunkelgrünen Blättern.
Lose in ein feuchtes Küchentuch geschlagen, hält sich dieser Salat im Kühlschrank 3 bis 5 Tage.

## N Salat mit Roquefortdressing

**Zubereitungszeit: ca. 20 Min.**
**für 2 Personen**
**ca. 330 kcal pro Portion**

*1 Römischer Salat*
*2 Möhren*
*6 große frische Champignons*
*1 Knoblauchzehe*
*4 EL Buttermilch*
*4 EL körniger Frischkäse*
*2 EL Roquefort (60 % Fett i.Tr.) oder ein anderer Edelpilzkäse*
*2 TL Molkosan*
*Meersalz*
*1–2 EL Sonnenblumenkerne*

1. Die Salatblätter vom Strunk lösen, waschen, trockenschütteln und zerpflücken. Die Möhre putzen, schälen, waschen und grob raspeln. Die Champignons mit Küchenkrepp abreiben, putzen und in Scheiben schneiden. Alles auf einem Teller anrichten.

2. Für das Dressing den Knoblauch schälen und grob hacken. Knoblauch, Buttermilch, Frischkäse, Roquefort und Molkosan pürieren. Mit wenig Salz abschmecken.

3. Das Dressing über die Salatzutaten geben und zum Schluss die Sonnenblumenkerne darüber streuen.

### Tipp

Das Dressing ist auch ein wunderbarer Dip für rohes Gemüse wie Möhren, Staudensellerie, Paprika oder Brokkoli. Dafür das Gemüse putzen, evtl. schälen, waschen und in mundgerechte Stücke oder Stifte schneiden.

## E Spargel „Mailänder Art"

**Zubereitungszeit: ca. 45 Min.**
**für 2 Personen**
**ca. 370 kcal pro Portion**

*1 TL Frutilose*
*Meersalz*
*1½ EL Butter*
*600 g Spargel*
*50 ml Sahne*
*1 Eigelb*
*60 g geriebener Parmesan*
*2 EL geh. Petersilie*

### Tipp

In der Trennkost zählt Parmesan zu den Eiweißen. Er passt deshalb nicht zu den in Italien so beliebten Pastagerichten, verträgt sich aber gut mit neutralen oder eiweißhaltigen Nahrungsmitteln. Ergänzen Sie zum Beispiel Salate ohne Kohlenhydratbeigaben mit geriebenem Parmesankäse.

1. Einen Topf Wasser mit Frutilose, etwas Salz sowie ½ Esslöffel Butter aufsetzen und zum Kochen bringen.

2. Inzwischen den Spargel sorgfältig schälen und waschen. Ihn in den Topf geben und in etwa 12 Minuten halb gar kochen. Dann den Spargel aus dem Kochwasser nehmen und gut abtropfen lassen.

3. Den Backofen auf 200 °C (Umluft 170 °C, Gas Stufe 3) vorheizen. Eine Auflaufform mit 1 Esslöffel Butter ausstreichen und den Spargel hineinschichten.

4. Die Sahne mit dem Eigelb und mit einer halben Tasse Spargelbrühe verrühren und über den Spargel gießen. Alles mit dem Käse bestreuen. Die Auflaufform mit Alufolie abdecken und im Backofen auf der mittleren Schiene etwa 10 Minuten garen.

5. Anschließend die Folie abnehmen und den Spargel weitere 5 – 8 Minuten bei Oberhitze leicht überbräunen. Mit der gehackten Petersilie bestreut servieren.

### Warenkunde

Parmesan, der berühmte italienische Hartkäse, wird aus roher Kuhmilch gewonnen und muss lange reifen (2 bis 5 Jahre), bis er in den Handel kommt.
Als klassischer Reibekäse verfeinert Parmesan viele italienische Gerichte. In Stücke gebrochen schmeckt er auch gut als Dessertkäse zu Obst, Mandeln und Oliven.
Kaufen Sie Parmesan ruhig einmal im Stück. Frisch gerieben schmeckt er einfach besser. Sie können den Käse gut verpackt einige Wochen im Kühlschrank lagern.

## K Röstknoblauch mit Ziegenkäse

**Zubereitungszeit: ca. 30 Min.**
**Backzeit: 1 Std.**
**für 2 Personen**
**ca. 285 kcal pro Portion**

*1½ Knoblauchknollen*
*2 EL kaltgepresstes Olivenöl*
*25 g getrocknete, in Öl eingelegte Tomaten*
*1 EL geh. Thymian*
*100 ml veg. Gemüsebrühe (Instant)*
*75 g Ziegenfrischkäse (z. B. Montrachet)*

1. Den Backofen auf 180 °C (Umluft 150 °C, Gas Stufe 2) vorheizen. Die Knoblauchknollen in Zehen zerteilen, aber nicht schälen. Die Zehen in eine feuerfeste Form legen und mit Olivenöl beträufeln.

2. Die Tomaten in feine Streifen schneiden. Zusammen mit dem gehackten Thymian auf den Knoblauchzehen verteilen. Die Hälfte der Brühe angießen und alles im Ofen etwa 1 Stunde garen lassen. Dabei immer wieder ein wenig von der Brühe nachgießen.

3. Nach etwa 50 Minuten den Ziegenkäse würfeln und über den Knoblauch geben. Alles für weitere 10 Minuten backen.

### Tipp

Als Beilage zum Röstknoblauch passen sehr gut Vollkornbrötchen oder Vollkornbaguette.

## K Gebackener Ziegenkäse

**Zubereitungszeit: ca. 25 Min.**
**Marinierzeit: 1 – 2 Tage**
**für 2 Personen**
**ca. 380 kcal pro Portion**

*100 g Ziegenfrischkäse (als Rolle)*
*1 EL geh. Petersilie*
*1 TL geh. Thymian*
*½ TL geh. Rosmarin*
*4 EL kaltgepresstes Olivenöl*
*1 kleine Knoblauchzehe*
*1 EL Molkosan*
*1 Scheibe Vollkorntoastbrot*
*einige Blätter Blattsalat (z. B. Rauke, Eichblattsalat)*
*2 EL geh. Petersilie*

1. Den Ziegenkäse in 4 Scheiben schneiden. Die gehackten Kräuter mit 2 Esslöffeln Olivenöl mischen. Den Käse darin einlegen und 1 – 2 Tage zugedeckt im Kühlschrank ziehen lassen. Dabei den Käse ab und zu wenden.

2. Für das Dressing den Knoblauch schälen. Molkosan und 2 Esslöffel Öl in eine Schüssel geben, den Knoblauch dazupressen. Alles verrühren und mit Salz abschmecken. Den Backofen auf 200 °C (Umluft 170 °C, Gas Stufe 3) vorheizen.

3. Die Scheibe Vollkorntoast kräftig toasten, abkühlen lassen und fein zerbröseln.

4. Den Ziegenkäse aus der Olivenöl-Kräuter-Marinade nehmen, abtropfen lassen, mit den Bröseln panieren und im Backofen 10 – 15 Minuten backen. Er ist fertig, wenn er auf Druck leicht nachgibt.

5. Die geputzten Salatblätter mit dem Dressing mischen und auf 2 Tellern verteilen. Den gebackenen Käse darauf anrichten und mit gehackter Petersilie bestreuen.

## K Ofenkartoffeln mit Käsesauce

**Zubereitungszeit: ca. 45 Min.**
**Backzeit: ca. 1 Std.**
**für 2 Personen**
**ca. 780 kcal pro Portion**

*450 g Kartoffeln (fest kochend)*
*6 EL kaltgepresstes Olivenöl*
*1/2 TL Meersalz*
*200 g Doppelrahm-Frischkäse*
*1–2 Knoblauchzehen*
*3 EL geh. Kräuter (z. B. Petersilie, Kerbel, Schnittlauch)*
*etwas Kräutersalz*
*600 g Tomaten*
*1 kleine Zwiebel*
*3 Zweige glattblättrige Petersilie*

1. Den Backofen auf 200 °C (Umluft 170 °C, Gas Stufe 3) vorheizen. Die Kartoffeln waschen, schälen und in etwa 2 cm dicke Spalten schneiden.

2. Auf ein Backblech 5 Esslöffel Öl gießen und die Kartoffelspalten darauf legen. Mit Salz würzen und im Ofen etwa 1 Stunde backen. Gegen Ende der Backzeit die Kartoffeln mit einer Bratschaufel wenden.

3. Für die Sauce den Frischkäse mit 6 Esslöffeln Wasser glatt rühren. Die Knoblauchzehen schälen und dazupressen. Die gehackten Kräuter unterrühren und alles mit Kräutersalz abschmecken.

4. Für den Salat die Tomaten waschen und die Stielansätze herausschneiden. Die Tomaten in dünne Scheiben schneiden.

5. Die Zwiebel schälen, fein würfeln und mit den Tomaten mischen. Den Salat mit Kräutersalz würzen, mit Olivenöl beträufeln und mit der gewaschenen, abgezupften Petersilie garnieren.

## E Gemüseplatte mit Spinatdip

**Zubereitungszeit: ca. 30 Min.**
**für 2 Personen**
**ca. 455 kcal pro Portion**

*800 g frisches Gemüse (z. B. Möhren, Staudensellerie, Champignons, Paprika, Radieschen, Brokkoliröschen)*
*200 g frischer Blattspinat*
*1 Knoblauchzehe*
*160 g saure Sahne*
*2 EL Molkosan*
*2 EL geriebenen Parmesan*
*etwas Meersalz*
*1 – 2 EL Walnusskerne*

1. Das Gemüse waschen, putzen, evtl. schälen. Die Pilze mit Küchenkrepp reinigen, Stiele und braune Stellen entfernen. Alles in mundgerechte Streifen oder Stücke schneiden. Auf einem Teller anrichten.

2. Für den Dip den Spinat verlesen, dabei harte Stiele entfernen. Die Spinatblätter gründlich waschen, abtropfen lassen und grob zerkleinern. Die Knoblauchzehe schälen und halbieren.

3. Spinat, saure Sahne, Molkosan, den geriebenen Parmesan und die halbe Knoblauchzehe in ein hohes Gefäß geben und alles mit dem Pürierstab fein mixen. Mit Salz pikant würzen.

4. Den Dip anschließend in ein Schälchen füllen und zu dem vorbereiteten Gemüse servieren. Die Walnusskerne dazureichen.

### *Variationen*

Für die Gemüseplatte eignet sich auch ein Avocadodip: Eine reife, geschälte und zerdrückte Avocado mit saurer Sahne oder Joghurt verrühren, mit Salz, Cayennepfeffer und Zitronensaft würzen. Eventuell noch etwas Dill hinzugeben.
Eine ganz andere Geschmacksrichtung erhalten Sie mit der amerikanischen Dipvariante Apfel-Meerrettich-Sauce: Dafür Apfelmus (mit Honig leicht gesüßt) und geriebenem Meerrettich mischen und mit Zitronensaft sowie Cayennepfeffer abschmecken.

# K Gebackene Käsekartoffeln

**Zubereitungszeit: ca. 45 Min.**
**für 2 Personen**
**ca. 1200 kcal pro Portion**

***Für die Kartoffeln:***
*2 mehlig kochende Kartoffeln (à 200 g)*
*Meersalz*
*1/2 TL Kümmel*
*1/2 Gemüsezwiebel*
*1 Stange Lauch*
*1/2 rote Paprikaschote*
*1/2 gelbe Paprikaschote*
*3 EL Butter*
*1 TL Kräutersalz*
*1 Msp. Chilipulver*
*200 g Butterkäse, 60% Fett i. Tr.*

***Für die Sauce:***
*200 ml Buttermilch*
*200 g Crème fraîche*
*1/2 TL Kräutersalz*
*1 Knoblauchzehe*

## Tipp

Da die Schärfe der verschiedenen Chilipulver von mild bis brennend variieren kann, empfiehlt es sich, stets nur geringe Mengen zuzugeben und evtl. nachzuwürzen.

1. Die Kartoffeln waschen und in leicht gesalzenem Wasser mit etwas Kümmel weich kochen. Anschließend abgießen und auskühlen lassen.

2. In der Zwischenzeit die Zwiebel schälen und fein hacken. Den Lauch putzen, sorgfältig waschen und in feine Ringe schneiden. Die Paprikaschoten halbieren, entkernen, waschen und in kleine Würfel schneiden.

3. Die Butter in einer Pfanne zerlassen und das Gemüse darin anbraten. Kräftig mit dem Salz und dem Chilipulver würzen. Den Backofen auf 200 °C (Umluft 170 °C, Gas Stufe 3) vorheizen.

4. Die Kartoffeln der Länge nach halbieren und mit einem Teelöffel aushöhlen. Das gebratene Gemüse in die Kartoffeln füllen und mit dem Käse belegen. Anschließend auf ein Backblech setzen und im Backofen etwa 15 Minuten überbacken, bis der Käse geschmolzen ist.

5. Für die Sauce die Buttermilch mit der Crème fraîche und dem Kräutersalz verrühren und nach Belieben den Knoblauch dazupressen. Die Kartoffeln zusammen mit der Sauce reichen.

## N Bunte Gemüsepfanne

**Zubereitungszeit: ca. 30 Min.**
**für 2 Personen**
**ca. 240 kcal pro Portion**

*1 rote Paprikaschote*
*400 g Möhren*
*1/2 Kopf Pak-Choi (chinesischer Kohl; ersatzweise Chinakohl)*
*200 g Zuckerschoten*
*1 gelber Sommerkürbis (Squash; ersatzweise Zucchini)*
*2 EL Sonnenblumenöl*
*100 ml veg. Gemüsebrühe (Instant)*
*1 EL geh. Estragon*
*1 EL geh. Petersilie*
*etwas Kräutersalz*

1. Die Paprika halbieren, putzen und entkernen, waschen und in Streifen schneiden. Die Möhren schälen, putzen, waschen und in Stifte schneiden. Den Kohl waschen und in Streifen schneiden. Die Zuckerschoten waschen und putzen, dabei Enden und Fäden entfernen. Den Sommerkürbis waschen, putzen und in dünne Scheiben schneiden.

2. Das Öl in einer großen Pfanne erhitzen. Paprika und Möhren hineingeben und unter Wenden etwa 10 Minuten dünsten. Pak-Choi, Zuckerschoten und Kürbis hinzufügen. Die Brühe dazugießen und alles weitere 5 Minuten zugedeckt garen.

3. Zuletzt die gehackten Kräuter unterrühren und das Gemüse mit Kräutersalz abschmecken.

### *Warenkunde*

Pak-Choi wird auch als Senfkohl oder Chinesischer Blattsenf bezeichnet. Es ist ein vitaminreiches, herbmildes Blattstielgemüse und kann als Salat oder als Gemüse zubereitet werden.

## N Artischocken mit Knoblauchdip

**Zubereitungszeit: ca. 1 Std.**
**für 2 Personen**
**ca. 150 kcal pro Portion**

*2 große Artischocken*
*Meersalz*
*1 Zitronenhälfte*
*2 Knoblauchzehen*
*75 g Joghurt*
*75 g saure Sahne*
*1 TL geh. Petersilie*
*1 TL Schnittlauchröllchen*
*1 Pr. Chilipulver*
*etwas Kräutersalz*

1. Das obere Drittel der Artischocken abschneiden. Die Stiele mit den untersten Hüllblättern ebenfalls abschneiden. Die Schnittflächen der Artischocken mit der Zitrone einreiben und dann in reichlich Salzwasser 30 bis 40 Minuten kochen lassen. Sie sind gar, wenn sich die Außenblätter mühelos abzupfen lassen.

2. Inzwischen für den Dip den Knoblauch ungeschält in einer Pfanne ohne Fettzugabe rösten. Anschließend die Zehen aus der papierartigen Haut herauslösen und mit einer Gabel zerdrücken.

3. Joghurt, saure Sahne, Knoblauch, Kräuter und Chilipulver zu einer Sauce verrühren. Mit Kräutersalz abschmecken.

4. Die Artischocken abtropfen lassen und am besten lauwarm mit dem Dip servieren.

### *Tipp*

Zum Essen zupft man die Artischockenblätter einzeln ab, taucht die fleischigen Enden in den Dip und streift das Fleisch mit den Zähnen ab.
Sehr kleine Blätter und das so genannte Heu in der Mitte der Frucht werden entfernt. Den so freigelegten Artischockenboden genießt man ebenfalls mit dem Dip.

## E Rührei mit grünem Spargel

**Zubereitungszeit: ca. 20 Min.**
**für 2 Personen**
**ca. 380 kcal pro Portion**

*500 g grüner Spargel*
*etwas Meersalz*
*4 Eier*
*6 EL Sahne*
*1 Pr. geriebene Muskatnuss*
*1–2 TL Butter*

1. Das untere Drittel der Spargelstangen schälen und etwas kürzen. Den Spargel waschen und in etwa 3 cm lange Stücke schneiden. Die Spargelstücke in wenig Salzwasser in etwa 10 Minuten bissfest garen.

2. In der Zwischenzeit die Eier mit der Sahne verquirlen und mit Salz sowie Muskat würzen.

3. Die Butter in einer beschichteten Pfanne zerlassen. Die Eiermischung und den Spargel hinzugeben und alles unter Rühren stocken lassen.

### *Warenkunde*

Grüner Spargel hat ein kräftigeres Aroma und benötigt eine etwas kürzere Garzeit als der weiße Spargel. Grüner Spargel braucht nicht bzw. kaum geschält zu werden.

## E Marinierter Spargel

**Zubereitungszeit: ca. 20 Min.**
**für 2 Personen**
**ca. 350 kcal pro Portion**

*500 g weißer Spargel*
*etwas Meersalz*
*3 EL Zitronensaft*
*6 EL kaltgepresstes Olivenöl*
*einige Zitronenscheiben*
*Dill*

*Tipp*

Sie können den Spargel sofort servieren oder ihn mit der Marinade abühlen lassen. Schmeckt beides köstlich.

1. Den Spargel sorgfältig schälen und in kochendem Salzwasser etwa 15 Minuten garen.

2. Inzwischen für die Marinade das Salz und den Zitronensaft verrühren. Das Öl langsam und kräftig unterrühren, bis eine cremige Emulsion entsteht.

3. Den Spargel aus dem Wasser nehmen und gut abtropfen lassen. Dann die Zitronenmarinade über den lauwarmen Spargel gießen.
Mit Zitronenscheiben und etwas Dill garnieren.

## E Mittelmeergemüse

**Zubereitungszeit: ca. 45 Min.**
**für 2 Personen**
**ca. 290 kcal pro Portion**

*300 g reife Tomaten*
*1 kleine Aubergine*
*je 1 rote und gelbe Paprikaschote*
*1 kleine Zucchini*
*1 Zwiebel*
*3 EL kaltgepresstes Olivenöl*
*2–3 Knoblauchzehen*
*etwas Meersalz*
*einige Blättchen Basilikum*
*10 schwarze Oliven*

1. Die Tomaten über Kreuz einritzen, mit kochendem Wasser überbrühen, abschrecken und enthäuten. Tomaten vierteln, entkernen und die Stielansätze abschneiden. Das Fruchtfleisch würfeln.

2. Das übrige Gemüse waschen, putzen und in etwa 1 cm große Würfel schneiden. Das Öl in einer Pfanne erhitzen und alles Gemüse darin unter Wenden etwa 20 Minuten langsam braten.

3. Den Knoblauch schälen, durch eine Presse zu dem Gemüse drücken und unterrühren. Alles salzen und mit den Basilikumblättchen und den Oliven garnieren.

*Tipp*

Das Mittelmeergemüse gleicht in dieser Zusammensetzung dem Ratatouille, wie man es aus der Provence kennt. Heute ist der Gemüseeintopf im gesamten Mittelmeerraum verbreitet.
Das Gemüse kann kalt als Vorspeise gereicht werden und schmeckt warm als Beilage zu Fisch, Omelett und Rührei.

## E Rührei mit schwarzen Pilzen

**Zubereitungszeit: ca. 35 Min.**
**für 2 Personen**
**ca. 420 kcal pro Portion**

*4 Eier*
*1 Msp. Sambal Oelek*
*1 TL Sojasauce*
*etwas Meersalz und Cayennepfeffer*
*100 g getr. Mu-err-Pilze*
*1 kleine Schalotte*
*1–2 EL Sonnenblumenöl*
*1–2 EL geh. Kerbel*
*1–2 EL Schnittlauchröllchen*

1. Die Eier mit dem Sambal Oelek, der Sojasauce, Salz und Cayennepfeffer verquirlen.

2. Die Pilze etwa 30 Minuten in lauwarmem Wasser einweichen. Inzwischen die Schalotte schälen und fein würfeln. Dann die Pilze gut abtropfen lassen und die Stiele abschneiden.

3. Das Öl in einer beschichteten Pfanne erhitzen. Die Schalotte darin glasig braten. Die Pilze hinzufügen und alles etwa 2 Minuten braten. Mit wenig Salz und Cayennepfeffer abschmecken.

4. Kerbel und Schnittlauch unter die Eiermasse rühren. Alles in die Pfanne gießen und unter Rühren stocken lassen.

### *Tipp*

Essen Sie frisch geraspelte Möhren oder eine andere Gemüserohkost dazu.

## K Reis-Pilaw mit Sojasprossen

**Zubereitungszeit: ca. 50 Min.**
**für 2 Personen**
**ca. 320 kcal pro Portion**

*2 Frühlingszwiebeln*
*1 Knoblauchzehe*
*1 kleines Stück Ingwer*
*1 EL Sonnenblumenöl*
*125 g Naturreis*
*1 EL Honig*
*1 Msp. Meersalz*
*100 g frische Sojasprossen*

1. Die Frühlingszwiebeln putzen, waschen und in feine Ringe schneiden. Den Knoblauch schälen und durchpressen. Den Ingwer dünn schälen und fein hacken.

2. Das Öl in einem Topf erhitzen. Frühlingszwiebeln, Knoblauch und Ingwer darin anbraten. Den Reis dazugeben und unter Rühren glasig dünsten.

3. Mit 350 ml Wasser ablöschen. Honig sowie Salz hinzufügen und alles aufkochen lassen. Den Reis zugedeckt bei kleiner Hitze 40 Minuten garen lassen.

4. In der Zwischenzeit die Sojasprossen waschen und nach etwa 25 Minuten Garzeit zum Reis geben. Das Pilaw noch etwa 15 Minuten weiter garen, bis alle Flüssigkeit aufgesogen ist.

### *Tipp*

Im Unterschied zum Risotto soll das Pilaw zum Ende der Garzeit körnig und nicht cremig sein.

## E Eier in Joghurtsauce

**Zubereitungszeit: ca. 20 Min.**
**für 2 Personen**
**ca. 300 kcal pro Portion**

*2 Eier*
*100 g Joghurt*
*1 EL Mohn*
*2 TL Sesam*
*2 Msp. Kurkuma*
*2 Curryblätter*
*2 Msp. Cayennepfeffer*
*2 EL gem. Mandeln*
*etwas Meersalz*
*2 TL Zitronensaft*

1. Die Eier hart kochen, abschrecken und pellen. Inzwischen den Joghurt in einem flachen Topf unter Rühren vorsichtig erhitzen.

2. Dann 50 ml Wasser, Mohn, Sesam, die Gewürze und die Mandeln nach und nach hinzufügen und alles so lange köcheln lassen, bis die Sauce eingedickt ist.

3. Die Joghurtsauce pikant mit Salz und Zitronensaft würzen. Die gekochten Eier halbieren, in die Sauce legen und darin erwärmen. Sofort servieren.

### *Warenkunde*

Bei den Curryblättern handelt es sich um die Blätter der indischen Karipflanze. Die Blätter schmecken süßlich scharf und werden frisch oder getrocknet verwendet.
Wenn Sie getrocknete Curryblätter einsetzen, verwenden Sie sie wie Lorbeerblätter. Kari ist der indische Begriff für Curry.

## E Gebratene Bohnen mit Tomaten

**Zubereitungszeit: ca. 35 Min.**
**für 2 Personen**
**ca. 180 kcal pro Portion**

*400 g Tomaten*
*1 Zwiebel*
*500 g grüne Bohnen*
*2 EL Butter*
*etwas Meersalz*
*2 EL gehackte Kräuter (z. B. Bohnenkraut, Basilikum)*

1. Die Tomaten über Kreuz einritzen, mit kochendem Wasser überbrühen, mit kaltem Wasser abschrecken und die Haut abziehen. Tomaten vierteln, entkernen und die Stielansätze abschneiden. Anschließend das Fruchtfleisch in mittelgroße Würfel schneiden.

2. Die Zwiebel schälen und fein hacken. Die Bohnen putzen und in Stücke schneiden.

3. Die Butter in einem Topf zerlassen und nicht zu stark erhitzen. Die Zwiebelwürfel und die Bohnenstücke dazugeben und unter Rühren anbraten. Zugedeckt bei milder Hitze etwa 10 Minuten garen lassen. Bei Bedarf 2–3 Esslöffel Wasser hinzufügen.

4. Anschließend die Tomatenwürfel dazugeben, alles leicht salzen und das Gericht weitere 10 Minuten köcheln lassen. Zum Schluss mit den gehackten Kräutern bestreuen und servieren.

### *Warenkunde*

Verwenden Sie zum Abschmecken des Gerichts ruhig einmal Bohnenkraut. Dieses Küchenkraut hat einen herbwürzigen, pfeffrigen Geschmack und eignet sich besonders gut zum Würzen eher deftiger Gerichte wie Suppen und Eintöpfe). Geben Sie frisches Bohnenkraut erst zum Ende der Garzeit ans Essen; getrocknetes muss dagegen mitgaren, damit sich sein Aroma entfalten kann.

### *Variation*

Bohnen sind in der spanischen Küche sehr beliebt und werden auch gerne als Salat gegessen. Zusammen mit blanchierten Erbsen, gekochten Kartoffeln und Artischockenherzen ergeben gegarte grüne Bohnen in einer Sauce aus Olivenöl, Obstessig, Knoblauch, Salz und Cayennepfeffer einen sättigenden, leckeren Salat.

## N Zucchini mit Kräutern

**Zubereitungszeit: ca. 20 Min.**
**Marinierzeit: ca. 2 Std.**
**für 2 Personen**
**ca. 150 kcal pro Portion**

*300 g kleine Zucchini*
*etwas Meersalz*
*2 EL Olivenöl*
*je 2 Zweige Minze und Basilikum*
*1/2 Bund glattblättrige Petersilie*
*2 Knoblauchzehen*
*3 EL Obstessig*
*1 TL Ahornsirup*

1. Zuerst die Zucchini waschen, putzen und in etwas dickere Scheiben schneiden. Mit Salz bestreuen und etwa 10 Minuten ziehen lassen.

2. Das Öl in einer Pfanne erhitzen. Die Zucchini sorgfältig mit Küchenkrepp abtupfen und in dem Öl anbraten. Sie dann in eine Schüssel füllen.

3. Für die Marinade die Kräuter waschen, trockenschütteln und hacken. Den Knoblauch schälen, durch eine Presse drücken und mit den Kräutern mischen. Die Hälfte der Kräuter-Knoblauch-Mischung mit Essig, Salz und Sirup verrühren und mit den Zucchini mischen.

4. Die restliche Kräuter-Knoblauch-Mischung auf den Zucchini verteilen und alles zugedeckt etwa 2 Stunden durchziehen lassen.

## N Spinat „Alfredo“

**Zubereitungszeit: ca. 20 Min.**
**für 2 Personen**
**ca. 390 kcal pro Portion**

*3 EL ungeschwefelte Rosinen*
*400 g frischer Blattspinat*
*1 kleine Zwiebel*
*1 EL Butter*
*25 g Pinienkerne*
*etwas Meersalz*
*etwas frisch geriebene Muskatnuss*
*3 EL Sahne*

1. Die Rosinen in lauwarmem Wasser einweichen. Den Spinat sorgfältig verlesen, putzen, waschen und sehr fein würfeln.

2. Die Butter in einem Topf zerlassen und die Zwiebelwürfel darin unter Rühren glasig dünsten. Den Spinat hinzufügen und zusammenfallen lassen.

3. Inzwischen die Pinienkerne in einer Pfanne ohne Fettzugabe goldbraun rösten. Die Rosinen abtropfen lassen und zusammen mit den Pinienkernen zum Spinat geben. Mit Salz und Muskatnuss abschmecken.

4. Den Spinat zum Schluss mit der Sahne verfeinern. Alles gut miteinander verrühren und bei milder Hitze weitere 5 Minuten dünsten.

### Tipp

Sie können den Spinat warm oder kalt servieren. In beiden Varianten schmeckt er gut zu einem einfachen Butterbrot.

## N Marinierte Möhren

**Zubereitungszeit: ca. 20 Min.**
**Marinierzeit: ca. 4 Std.**
**für 2 Personen**
**ca. 150 kcal pro Portion**

*250 g junge Möhren*
*etwas Meersalz*
*1 kleine Zwiebel*
*1 Knoblauchzehe*
*4 EL Obstessig*
*50 ml Wasser*
*1/2 TL Ahornsirup*
*1 Lorbeerblatt*
*1/2 TL getr. Oregano*
*2 EL Olivenöl*
*2 EL geh. Petersilie*

1. Die Möhren schälen, waschen und in 1/2 cm dicke Scheiben schneiden. Die Möhren in kochendes Salzwasser geben und darin etwa 5 Minuten garen.

2. Inzwischen für die Marinade die Zwiebel und den Knoblauch schälen und fein hacken. Beides mit Essig, Wasser, Ahornsirup und den Kräutern verrühren.

3. Die Möhren abtropfen lassen und noch heiß mit der Marinade mischen. Alles zugedeckt etwa 4 Stunden ziehen lassen.

4. Nach der Marinierzeit die Möhren nochmals abtropfen lassen und mit dem Öl beträufeln. Zum Schluss mit gehackter Petersilie bestreuen und servieren.

# K Gemüsepfanne mit Toast

**Zubereitungszeit: ca. 30 Min.**
**für 2 Personen**
**ca. 520 kcal pro Portion**

*2 kleine Zwiebeln*
*2 rote Paprikaschoten*
*2 kleine Zucchini*
*300 g Champignons*
*2 EL kaltgepresstes Olivenöl*
*4 Knoblauchzehen*
*etwas Meersalz*
*2 Zweige Majoran*
*4 EL Butter*
*4 Scheiben Vollkorntoastbrot*

1. Die Zwiebeln schälen, halbieren und in Ringe schneiden. Die Paprikaschoten waschen, halbieren, entkernen und in Scheiben schneiden. Die Zucchini waschen und putzen, die Pilze abreiben und putzen. Beides in dünne Scheiben schneiden.

2. Das Öl in einer Pfanne erhitzen und die Zwiebelringe darin glasig dünsten. Das restliche Gemüse hinzufügen und ohne Deckel unter Rühren schmoren lassen.

3. Den Knoblauch schälen und 2 Zehen durch eine Presse zum Gemüse drücken. Alles salzen und mit dem gewaschenen, abgezupften Majoran würzen.

4. Das Gemüse so lange auf kleiner Flamme schmoren lassen, bis der Gemüsesaft weitgehend verdunstet ist. Den Backofen auf 175 °C (Umluft 150 °C, Gas Stufe 2) vorheizen.

5. In der Zwischenzeit die Butter mit einer Gabel zerdrücken, den restlichen Knoblauch dazupressen und alles mischen.

6. Die Toastbrotscheiben diagonal in 2 Hälften schneiden und mit der Knoblauchbutter bestreichen. Im Ofen auf der mittleren Schiene etwa 5 bis 7 Minuten knusprig rösten und zusammen mit der Gemüsepfanne servieren.

## *Warenkunde*

Knoblauch und Zwiebel sind Pflanzen mit besonderer Kraft. Sie enthalten Sulfide, die wie ein natürliches Antibiotikum wirken und gegen Bakterien vorgehen. Gleichzeitig senken Sulfide den Cholesterinspiegel, den Blutdruck und sie beugen Magen- und Brustkrebs vor. Der Nachteil: Beim Kochen verändern sich die Sulfide und verlieren ihre positiven Eigenschaften. Zwiebel und Knoblauch sollten daher öfter mal roh gegessen werden.

## K Überbackenes Baguette mit Zucchini

**Zubereitungszeit: ca. 45 Min.**
**für 2 Personen**
**ca. 770 kcal pro Portion**

*4 Frühlingszwiebeln*
*3 kleine Zucchini*
*2 EL kaltgepresstes Olivenöl*
*1 TL Kräutersalz*
*2 kleine Vollkornbaguettes*
*2 EL Butter*
*4 Scheiben Rahmgouda, 60% Fett i.Tr.*
*1/2 TL Meersalz*
*4 EL gehackte Kräuter (z.B. Dill, Petersilie, Basilikum)*
*150 g saure Sahne*
*1/2 TL Knoblauchsalz*
*1 TL Paprikapulver (edelsüß)*

1. Die Frühlingszwiebeln in Ringe schneiden, 1 Zucchini in Scheiben schneiden.

2. Das Öl in einer Pfanne erhitzen. Zwiebeln und Zucchini von allen Seiten anbraten, mit dem Kräutersalz würzen. Den Backofen auf 200 °C (Umluft 170 °C, Gas Stufe 3) vorheizen.

3. Die Baguettes der Länge nach aufschneiden, mit Butter bestreichen und mit Zucchinischeiben, Zwiebelringen und Käse belegen und im Ofen auf der mittleren Schiene etwa 15 Minuten überbacken.

4. Für den Zucchinisalat die restlichen Zucchini putzen, waschen und etwa 8 bis 10 Minuten in leicht gesalzenem Wasser garen. Sie dann abkühlen lassen und in dünne Scheiben schneiden.

5. Die gehackten Kräuter mit der sauren Sahne verrühren und pikant mit dem Knoblauchsalz abschmecken.

6. Die Zucchinischeiben auf einer Platte anrichten, die Kräutersauce darüber träufeln und mit Paprikapulver bestäuben. Zusammen mit den Baguettes servieren.

## K Nudelauflauf mit Schafskäse

**Zubereitungszeit: ca. 45 Min.**
**für 2 Personen**
**ca. 710 kcal pro Portion**

*150 g Vollkorn-Rigatoni*
*1/2 TL Meersalz*
*200 g Lauch*
*1 rote Paprikaschote*
*1 Zucchini*
*2 EL kaltgepresstes Olivenöl*
*1 TL getr. Oregano*
*1/2 TL Chilipulver*
*220 ml veg. Gemüsebrühe (Instant)*
*80 ml Sahne*
*1 Eigelb*
*1/2 TL geriebene Muskatnuss*
*2 EL gehackte schwarze Oliven*
*100 g Schafskäse*

1. Die Nudeln in reichlich Salzwasser in etwa 10 Minuten bissfest garen. Sie dann abgießen und gut abtropfen lassen.

2. Inzwischen den Lauch putzen, waschen, der Länge nach vierteln und in 4 cm lange Stücke schneiden. Die Paprikaschote waschen, halbieren, putzen und in Streifen schneiden. Die Zucchini putzen, waschen und in Stifte schneiden.

3. Den Backofen auf 200 °C (Umluft 170 °C, Gas Stufe 3) vorheizen. Das Öl in einer Pfanne nicht zu stark erhitzen und das Gemüse unter Rühren darin einige Minuten andünsten. Mit Oregano und Chilipulver pikant würzen.

4. Anschließend die gekochten Nudeln mit dem Gemüse in eine mittelgroße Auflaufform schichten. Die Gemüsebrühe mit der Sahne sowie dem Eigelb verquirlen und mit Muskatnuss würzen. Die Sauce über die Nudeln gießen.

5. Die gehackten Oliven unter die Nudelmasse mischen. Den Schafskäse würfeln und über den Auflauf geben. Alles im Ofen auf der mittleren Schiene etwa 20 Minuten überbacken.

## K Tagliatelle mit Basilikumsauce

**Zubereitungszeit: ca. 35 Min.**
**für 2 Personen**
**ca. 1120 kcal pro Portion**

*1–2 Bund Basilikum*
*1–2 große Knoblauchzehen*
*1 EL Pinienkerne*
*½ EL gemahlene Haselnusskerne*
*Salz*
*Pfeffer*
*60 ml kaltgepresstes Olivenöl*
*100 g Edelschimmelkäse, 60 % Fett i. Tr. (z. B. Gorgonzola, Roquefort, Bavaria Blue)*
*250 g schmale Bandnudeln (z. B. Tagliatelle)*
*2 EL kalte Butterflöckchen*

1. Das Basilikum verlesen, sorgfältig waschen, trockenschütteln und grob zerschneiden. Die Knoblauchzehen abziehen. Sie dann zusammen mit den Pinienkernen und dem Basilikum sehr fein hacken.

2. Alles in ein hohes Gefäß geben, die Haselnusskerne untermischen, mit Salz und Pfeffer pikant abschmecken. Dann abwechselnd das Olivenöl und den Käse in kleinen Mengen mit dem Quirl eines Handrührgerätes unterrühren, bis die Basilikumsauce schön cremig ist.

3. Die Nudeln in reichlich sprudelndem Salzwasser bissfest kochen, dann über einem Sieb abgießen. Dabei ¼ Tasse Kochwasser auffangen.
Die Nudeln in eine Schüssel füllen und sofort mit den kalten Butterflöckchen vermengen.

4. Zum Schluss das aufgefangene Kochwasser mit der Basilikumsauce verrühren.
Die Nudeln auf zwei Tellern anrichten und die heiße Sauce darüber gießen. Das Ganze sofort servieren.

### *Tipp*

Als neutrale Vorspeise zu diesem Nudelgericht eignet sich sehr gut ein einfacher grüner Salat.

### *Warenkunde*

Tagliatelle sind flache 6 mm breite Nudeln aus Hartweizen. Man kennt sie auch unter der Bezeichnung „Fettucine“.
Zum Kochen der Pasta nimmt man für ½ Pfund Nudeln etwa 2½ l (kochendes) Wasser und 1 EL Salz. Etwas Öl verhindert, dass die Nudeln zusammenkleben.

## K Nudeln mit Spinat-Käse-Sauce

**Zubereitungszeit: ca. 45 Min.**
**für 2 Personen**
**ca. 610 kcal pro Portion**

*120 g Vollkorn-Bandnudeln*
*Meersalz*
*150 g frischer Blattspinat*
*1 Zwiebel*
*1 Knoblauchzehe*
*150 g frische Champignons*
*1 EL kaltgepresstes Olivenöl*
*1/2 TL geriebene Muskatnuss*
*200 ml veg. Gemüsebrühe (Instant)*
*100 g Edelpilzkäse, 60 % Fett i. Tr. (z. B. Gorgonzola)*
*80 g geschlagene Sahne*

1. Die Nudeln in reichlich Salzwasser in etwa 10 Minuten bissfest garen. Sie dann abgießen und gut abtropfen lassen.

2. Inzwischen den Spinat putzen, waschen und mit dem Wiegemesser zerkleinern. Die Zwiebel und den Knoblauch schälen und würfeln. Die Pilze mit Küchenkrepp abreiben, putzen und in Scheiben schneiden.

3. Das Öl in einer Pfanne nicht zu stark erhitzen. Die Zwiebel- und Knoblauchwürfel sowie die Pilze darin andünsten. Den tropfnassen Spinat hinzufügen, zusammenfallen lassen und mit Salz und Muskatnuss würzen.

4. Anschließend die Gemüsebrühe angießen und alles bei mittlerer Hitze 5–7 Minuten leicht köcheln lassen.

5. In der Zwischenzeit den Käse würfeln, zum Spinat geben und schmelzen lassen. Die geschlagene Sahne unter die Sauce ziehen und zusammen mit den Nudeln servieren.

## K Gemüsekuchen vom Blech

**Zubereitungszeit: ca. 30 Min.**
**Zeit zum Gehen: ca. 45 Min.**
**Backzeit: ca. 30 Min.**
**für 4 Personen**
**ca. 500 kcal pro Portion**

*1 Würfel Hefe*
*1/4 l Wasser (handwarm)*
*400 g feines Dinkelvollkornmehl*
*1 TL Meersalz*
*5 EL Olivenöl*
*etwas Öl für das Blech*
*3 Gemüsezwiebeln*
*2 Knoblauchzehen*
*2 rote Paprikaschoten*
*2 grüne Paprikaschoten*
*Kräutersalz*
*Cayennepfeffer*

1. Die Hefe mit dem Wasser mischen und mit der Hälfte des Dinkelmehls zu einem Vorteig verrühren. Ihn zugedeckt etwa 25 Minuten an einem warmen Ort gehen lassen.

2. Anschließend das restliche Dinkelvollkornmehl, Salz und 1 Esslöffel Öl zu dem Vorteig geben und alles zu einem geschmeidigen Teig verkneten.

3. Das Backblech mit Öl bestreichen, den Teig darauf verteilen und mit einer Gabel mehrmals einstechen. Den Teig zugedeckt nochmals etwa 20 Minuten an einem warmen Ort gehen lassen. Den Backofen auf 250 °C (Umluft 190 °C, Gas Stufe 5) vorheizen.

4. Inzwischen die Zwiebeln und den Knoblauch schälen und würfeln. Die Paprika waschen, putzen und in Würfel schneiden. 4 Esslöffel Öl in einer Pfanne erhitzen und Zwiebeln, Knoblauch und Paprika darin dünsten. Alles auf dem Teig verteilen. Mit Kräutersalz und etwas Cayennepfeffer würzen.

5. Den Gemüsekuchen im Ofen etwa 25 – 30 Minuten backen. Ihn mit einem gemischten Salat servieren.

## N Gemischter Salat

**Zubereitungszeit: ca. 15 Min.**
**für 2 Personen**
**ca. 140 kcal pro Portion**

*1/2 Gemüsezwiebel*
*1/4 TL grobkörniges Salz*
*1/2 Kopfsalat*
*1 Tomate*
*1/2 Gurke*
*2 EL Obstessig*
*2 EL kaltgepresstes Olivenöl*

1. Die Zwiebel schälen und in feine Ringe schneiden. Die Zwiebelringe in eine Salatschüssel geben, das Salz darüber streuen und die Zwiebel kurz ziehen lassen.

2. Den Salat putzen, waschen, trockenschütteln und zerpflücken. Die Tomate waschen, in Spalten schneiden, dabei den Stielansatz entfernen. Die Gurke schälen und in Scheiben schneiden. Alles zu den Zwiebelringen geben.

3. Für die Sauce den Obstessig mit dem Öl verrühren. Über den Salat gießen und alles gut mischen.

## K Reispapiersäckchen mit Pilzen

**Zubereitungszeit: ca. 1¾ Std.**
**für 2 Personen**
**ca. 780 kcal pro Portion**

*75 g Austernpilze*
*60 g Champignons*
*75 g Shiitakepilze*
*1 Knoblauchzehe*
*1 Schalotte*
*3 EL Sojaöl*
*1 EL geh. Petersilie*
*etwas Meersalz*
*1 Pr. Cayennepfeffer*
*1 EL geh. Estragonblättchen*
*1 Pr. gem. Anis*
*1 TL Sojasauce*
*1 EL Schnittlauchröllchen*
*9 Schnittlauchhalme*
*9 Reispapierblätter (Ø 20 cm), im Asialaden erhältlich*
*1 Knoblauchzehe*
*2 Eigelb*
*3 EL Gemüsebrühe*
*3 EL Sojaöl*
*500 ml Maiskeimöl zum Frittieren*

1. Die Pilze mit Küchenkrepp abreiben und putzen. Von den Austern- und Shiitakepilzen die Stiele entfernen. Alle Pilze würfeln und getrennt beiseite stellen. Den Knoblauch und die Schalotte schälen und fein würfeln.

2. Im Wok 1 Esslöffel Öl erhitzen. Die Austernpilze darin kräftig anbraten. Knoblauch und Petersilie unterrühren und alles mit Salz und Cayennepfeffer abschmecken. Beiseite stellen.

3. Im Wok 1 Esslöffel Öl erhitzen. Die Champignons und die Hälfte der Schalotten darin kräftig anbraten. Estragon, Anis, Salz und Cayennepfeffer untermischen und die Pilzmischung ebenfalls beiseite stellen.

4. Wieder 1 Esslöffel Öl erhitzen. Restliche Schalotten und Shiitakepilze darin braten. Mit Sojasauce, Schnittlauch, Salz und Cayennepfeffer würzen. Die drei Pilzmischungen getrennt voneinander abkühlen lassen. Dabei die entstehende Flüssigkeit abgießen.

5. Die Schnittlauchhalme kurz in kochendes Wasser tauchen, herausnehmen und ausbreiten. Die Reispapierblätter einzeln etwa 1 Minute in Wasser einweichen, auf Küchenkrepp ausbreiten und abtropfen lassen.

6. Je 3 Blätter übereinander legen und die Pilzmischungen darauf verteilen. Die Blätter wie Säckchen zusammenfalten und mit den Schnittlauchhalmen zubinden.

7. Für die Sabayon den Knoblauch schälen und durchpressen. Knoblauch, Eigelbe und Brühe verrühren und über dem warmen Wasserbad cremig aufschlagen. Das Öl nach und nach unterschlagen. Mit Salz und Cayennepfeffer würzen.

8. Das Öl in einer Fritteuse, einem Wok oder einem großen Topf erhitzen. Die Reispapiersäckchen in einen Siebeinsatz legen und zugedeckt im heißen Fett etwa 2 Minuten frittieren. Vorsicht, das Fett spritzt! Auf Küchenkrepp abtropfen lassen. Die Sabayon zu den Reispapiersäckchen servieren.

### *Warenkunde*

Austernpilze kommen aus dem südostasiatischen Raum, sind heute aber auch in Europa weit verbreitet und das ganze Jahr über erhältlich. Dieser aromatische Pilz ist eine Alternative zum Champignon und kann wie dieser sehr vielseitig eingesetzt werden.
Der Shiitakepilz ist würziger als der Austernpilz oder der Champignon. Deshalb wird er gerne zum Würzen eingesetzt, aber auch als Gemüsebeilage zubereitet. Geputzter Shiitake kann roh eingefroren werden. Im Fernen Osten wird dieser Pilz auch wegen seiner Heilkraft sehr geschätzt. So soll er kreislaufanregend wirken und einen senkenden Einfluss auf Blutdruck und Cholesterinspiegel ausüben.

## K Spinat mit Bratkartoffeln

**Zubereitungszeit: ca. 1 Stunde**
**für 2 Personen**
**ca. 540 kcal pro Portion**

***Für die Kartoffeln:***
*400 g Kartoffeln (mehlig kochend)*
*2 EL Keimöl*

***Für den Spinat:***
*1 kg frischer Spinat*
*1 Vollkornbrötchen (in Wasser eingeweicht)*
*1 kleine Zwiebel*
*3 EL Butter*
*1 EL Vollkornmehl*
*6–7 EL Wasser*
*Meersalz*
*schwarzer Pfeffer*
*1 Msp. Muskat*

1. Die Kartoffeln schälen, in Würfel schneiden und in Wasser legen. Das Keimöl in einer beschichteten Pfanne erhitzen.

2. Die Kartoffeln abgießen, in die Pfanne geben und etwa 20 Minuten zugedeckt auf kleiner Stufe ziehen lassen. Danach die Kartoffeln vorsichtig vom Boden lösen und wenden.

3. In der Zwischenzeit den Spinat verlesen und waschen. Die Stiele abschneiden. Die Blätter in kochendem Wasser etwa 3 Minuten garen, in ein Sieb gießen, kurz mit kaltem Wasser abschrecken. Die Blätter gut ausdrücken und dann durch den Fleischwolf drehen.

4. Das ausgedrückte Vollkornbrötchen und die Zwiebel ebenfalls durch den Fleischwolf drehen.

5. Die Butter in einem Topf zerlassen, das Mehl darin kurz anschwitzen. Mit Wasser auffüllen. Dann die Spinatmasse unterheben. Mit Meersalz, Pfeffer und Muskat abschmecken, unter Rühren aufkochen lassen.

6. Den Spinat zusammen mit den warmen Bratkartoffeln servieren.

### *Tipp*

Die Spinatfüllung kann man auch für Maultaschen verwenden. Dann gehört noch Knoblauch dazu!
Formen Sie mithilfe zweier Esslöffel aus dem Spinat Nocken.

# K Rosinenreis mit Mandeln

**Zubereitungszeit: ca. 40 Min.**
**für 2 Personen**
**ca. 610 kcal pro Portion**

*200 ml Sahne*
*etwas Meersalz*
*1 TL Vanillepulver*
*3 EL Honig*
*abgeriebene Schale von 1/2 unbehandelten Zitrone*
*120 g Vollkornmilchreis*
*50 g ungeschwefelte Rosinen*
*4 EL Mandelblättchen*

1. Die Sahne mit 300 ml Wasser mischen und zusammen mit Salz, Vanillepulver, Honig und Zitronenschale in einen Topf geben und zum Kochen bringen.

2. Den Milchreis waschen, abtropfen lassen und in die kochende Flüssigkeit einrühren. Die Rosinen waschen, ebenfalls der Flüssigkeit hinzufügen und alles unter gelegentlichem Rühren etwa 35 Minuten bei geringer Hitze ausquellen lassen.

3. Kurz vor Ende der Garzeit die Mandelblättchen ohne Fett in einer Pfanne rösten. Den Rosinenreis mit den Mandelblättchen bestreuen.

## Tipps

Als Vorspeise zum Rosinenreis eignet sich sehr gut ein frischer Möhrensalat.
Sie können den Rosinenreis mit Mandeln auch als Dessert essen. Dann reichen die angegebenen Mengen für 4 Personen.

## K Nudelgratin

**Zubereitungszeit: ca. 45 Min.**
**für 2 Personen**
**ca. 730 kcal pro Portion**

***Für die Nudeln:***
*170 g Vollkornspiralen*
*etwas Meersalz*
*1/2 EL Sonnenblumenöl*
*1 kleine rote Paprikaschote*

***Für die Sauce:***
*125 ml süße Sahne*
*125 ml Wasser*
*1 EL veg. Gemüsebrühe (Instant)*
*1 Msp. Cayennepfeffer*
*1/2 TL Pizzagewürz*
*1 TL Kräutersalz*
*100 g Wörishofener Käse, 60 % Fett i. Tr.*

1. Etwa 1,5 l Wasser in einem großen Topf zum Kochen bringen. Meersalz und Sonnenblumenöl hinzugeben und die Nudeln darin bissfest kochen und abgießen. Den Backofen auf 175 °C (Umluft 150 °C, Gas Stufe 2) vorheizen.

2. In der Zwischenzeit die Paprikaschote waschen, halbieren, entkernen und das Fruchtfleisch in sehr feine Würfel schneiden.

3. Die Nudeln in eine gefettete Auflaufform geben und die Paprikawürfel sorgfältig untermischen.

4. Für die Sauce die Sahne und das Wasser miteinander verrühren. Mit der vegetarischen Gemüsebrühe, dem Cayennepfeffer, dem Pizzagewürz und dem Kräutersalz pikant abschmecken.

5. Die Sahnesauce über die Nudeln gießen. Den Käse in schmale Streifen schneiden und das Gratin gleichmäßig damit bedecken.

6. Im Ofen etwa 20 Minuten überbacken, bis der Käse schön geschmolzen ist.

### *Tipp*

Als Beilage passt dazu ein Feldsalat mit Pilzen. Dazu frische Champignons in Butter goldbraun anbraten. Mit Salz würzen. Den Feldsalat mit einer Obstessig-Öl-Vinaigrette anmachen. Die lauwarmen Pilze darauf verteilen und mit frischen Kräutern bestreuen.

## K Majorannudeln mit Paprikagemüse

**Zubereitungszeit: ca. 30 Min.**
**für 2 Personen**
**ca. 450 kcal pro Portion**

*200 g Vollkornbandnudeln*
*2 rote Paprikaschoten*
*1 gelbe Paprikaschote*
*3 Knoblauchzehen*
*3 EL Olivenöl*
*200 ml veg. Gemüsebrühe (Instant)*
*1 TL Paprikapulver (edelsüß)*
*1 TL getr. Oregano*
*1/2 TL getr. Thymian*
*70 ml Sahne*
*7–8 Zweige Majoran*
*1 TL Speisestärke*

1. Die Nudeln in etwa 10 Minuten bissfest garen, abgießen und gut abtropfen lassen.

2. Die Paprikaschoten würfeln. Den Knoblauch schälen. 1 Zehe beiseite legen, die restlichen Zehen in dünne Scheiben schneiden und in heißem Öl goldgelb braten.

3. Die Paprikawürfel dazugeben und mit 80 ml Brühe ablöschen. Mit Paprikapulver, Oregano und Thymian pikant würzen. Zugedeckt bei geringer Hitze etwa 8 Minuten köcheln lassen.

4. Für die Sauce die Sahne mit der restlichen Gemüsebrühe in einem Topf mischen. Nach Belieben die Knoblauchzehe dazudrücken. Die abgezupften Majoranblättchen in die Sauce geben. Alles salzen und noch einmal kurz aufkochen lassen.

5. Die Speisestärke in 50 ml kaltem Wasser auflösen und in die Sauce rühren. Kurz aufkochen lassen, dann die Sauce über die Nudeln gießen. Zusammen mit dem Paprikagemüse servieren.

## K Kartoffelgratin

**Zubereitungszeit: ca. 35 Min.**
**Backzeit: ca. 20 Min.**
**für 2 Personen**
**ca. 410 kcal pro Portion**

*400 g kleine Kartoffeln (fest kochend)*
*2 frische Zweige Majoran*
*150 ml veg. Gemüsebrühe (Instant)*
*150 ml Sahne*
*1/2 TL Chilipulver*
*Kräutersalz*
*120 g Mozzarella*

1. Die Kartoffeln abbürsten und in der Schale garen. Die Pellkartoffeln abkühlen lassen, pellen und in Scheiben schneiden. Die Kartoffeln dachziegelartig in eine flache Auflaufform schichten und den Ofen auf 175 °C (Umluft 150 °C, Gas Stufe 2) vorheizen.

2. Den Majoran waschen, trockenschütteln und fein hacken. Die Gemüsebrühe mit der Sahne mischen, den Majoran und das Chilipulver hineinrühren. Mit Kräutersalz pikant würzen. Die Sauce über die Kartoffeln gießen.

3. Den Käse klein schneiden und gleichmäßig auf den Kartoffeln verteilen. Das Gratin im Ofen auf der mittleren Schiene etwa 20 Minuten backen.

### Tipp

Zum Kartoffelgratin passt sehr gut der unten beschriebene Paprikasalat.

## N Paprika-Mais-Zwiebel-Salat

**Zubereitungszeit: ca. 25 Min.**
**für 2 Personen**
**ca. 180 kcal pro Portion**

*je 1 rote, gelbe und grüne Paprikaschote*
*1/2 Gemüsezwiebel*
*125 g aufgetauter TK-Mais*
*1 1/2 EL Obstessig*
*150 ml Wasser*
*1 EL kaltgepresstes Olivenöl*
*1 TL Kräutersalz*
*1/2 Bund Basilikum*
*3 Zweige glattblättrige Petersilie*

1. Die Paprikaschoten waschen, vierteln, putzen, entkernen und in schmale Spalten schneiden. Die Gemüsezwiebel schälen und in dünne Ringe schneiden.
Sie dann kurz in kochendem Wasser blanchieren.

2. Die Paprikaspalten zusammen mit den Zwiebelringen und dem Mais in eine Schüssel geben und alles mischen.

3. Für die Sauce den Essig mit Wasser und Öl verrühren und mit Kräutersalz würzen. Das Basilikum waschen, trockenschütteln und mit dem Wiegemesser fein schneiden. Zu der Sauce geben und unterrühren.

4. Die Sauce über die Paprika-Zwiebel-Mais-Mischung gießen, alles sorgfältig mischen. Den Paprikasalat auf 2 Tellern verteilen und zum Schluss mit der gewaschenen, abgezupften Petersilie garnieren.

## K Pizza mit Pilzen

**Zubereitungszeit: ca. 20 Min.**
**Zeit zum Gehen: ca. 1 Std.**
**Backzeit: ca. 25 Min.**
**für 2 Personen**
**ca. 790 kcal pro Portion**

*250 g Weizenvollkornmehl*
*1/2 TL Meersalz*
*1/2 Würfel frische Hefe*
*4 EL kaltgepresstes Olivenöl*
*3 Knoblauchzehen*
*1/2 rote Zwiebel*
*300 g gemischte Pilze (Shiitake-, Stein- oder Austernpilze)*
*1 Pr. Chilipulver*
*etwas Meersalz*
*1/2 TL neutrales Öl für das Blech*
*Mehl zum Ausrollen*
*1 EL geh. Petersilie*
*1 EL geh. Thymianblättchen*
*1 EL geh. Majoran*
*100 g Mozzarella*

1. Das Mehl in eine Schüssel sieben und mit dem Salz vermischen. In die Mitte eine Mulde drücken. Die Hefe hineinbröckeln. 1 Esslöffel Öl und 150 ml lauwarmes Wasser dazugeben und alles mit den Knethaken des Handrührgeräts zu einem glatten Teig verkneten. Diesen Teig zugedeckt etwa 30 Minuten an einem warmen Ort gehen lassen, bis sich sein Volumen verdoppelt hat.

2. Den Teig nochmals durchkneten und weitere 30 Minuten gehen lassen. Den Backofen auf 220 °C (Umluft 180 °C, Gas Stufe 4) vorheizen.

3. Inzwischen für den Belag den Knoblauch und die Zwiebel schälen. Beides in feine Scheiben schneiden. Die Pilze mit Küchenkrepp säubern, putzen und ebenfalls in Scheiben schneiden.

4. In einer Pfanne 2 Esslöffel Öl erhitzen. Zwiebel, Knoblauch und Pilze darin unter Wenden anbraten. Mit Chilipulver und Salz würzen. Die Pilzmischung vom Herd nehmen.

5. Ein rundes Backblech (Ø 26 cm) dünn mit Öl bestreichen. Den gegangenen Teig kräftig durchkneten, auf einer bemehlten Arbeitsfläche rund ausrollen und auf das Blech legen. Mit den Händen gleichmäßig flach drücken, dabei den Rand etwas hochziehen.

6. Den Teig mit 1 Esslöffel Olivenöl bestreichen und die Pilzmischung darauf verteilen. Mit den Kräutern bestreuen. Den Mozzarella in Scheiben schneiden und die Pizza damit belegen. Im Ofen auf mittlerer Schiene etwa 25 Minuten backen.

### *Tipps*

Essen Sie vorab einen Tomatensalat. Dazu Tomaten waschen, in Scheiben schneiden und mit gehackten Zwiebeln, Öl, Salz und gehackter Petersilie mischen.
Den Pizzabelag können Sie auch variieren: Besonders gut eignen sich Gemüsesorten wie Brokkoli, Spinat, Paprikaschoten oder Artischockenherzen.

## K Kartoffel-Zucchini-Auflauf mit Tomatensalat

**Zubereitungszeit: ca. 1 Std.**
**für 2 Personen**
**ca. 660 kcal pro Portion**

*250 g Pellkartoffeln vom Vortag*
*400 g Zucchini*
*Butter für die Form*
*Salz, Pfeffer*
*1 Knoblauchzehe*
*250 ml süße Sahne*
*125 ml veg. Gemüsebrühe (Instant)*
*50 – 100 g Mozzarella (italienischer Frischkäse)*
*12 Kirschtomaten*
*1 EL Olivenöl*
*einige Blättchen Basilikum*

1. Die Kartoffeln schälen, in dünne Scheiben schneiden. Die Zucchini waschen, ebenfalls in Scheiben schneiden.

2. Eine Auflaufform mit Butter einfetten, abwechselnd die Kartoffel- und Zucchinischeiben dachziegelförmig einschichten. Mit Pfeffer, Salz und der fein gehackten Knoblauchzehe würzen.

3. Die Sahne mit der Gemüsebrühe verrühren, über das Gemüse gießen. Den Mozzarella in Scheiben schneiden und den Auflauf damit bedecken. Bei 180 °C (Umluft 150 °C, Gas Stufe 2) etwa 20 Minuten backen.

4. Für den Salat die Kirschtomaten waschen und halbieren. Sie dann salzen, pfeffern, mit Olivenöl beträufeln und mit frischen Basilikumblättchen verzieren.

## K Austernpilzragout

**Zubereitungszeit: ca. 30 Min.**
**für 2 Personen**
**ca. 250 kcal pro Portion**

*400 g Möhren*
*400 g Austernpilze*
*1 Zwiebel*
*1 1/2 EL Butter*
*4 EL feines Dinkel- oder Weizenvollkornmehl*
*1/4 l veg. Gemüsebrühe (Instant)*
*4 EL saure Sahne*
*2 EL geh. Petersilie*
*9 EL Kerbelblättchen*

1. Die Möhren waschen, putzen, schälen und in dünne Scheiben schneiden. Die Austernpilze putzen, kurz waschen und grob zerschneiden.

2. Die Zwiebel schälen und fein würfeln. Die Butter in einer Pfanne zerlassen und die Zwiebelwürfel darin glasig dünsten. Möhren und Pilze hinzufügen und mitschmoren lassen.

3. Das Gemüseragout mit dem Vollkornmehl bestäuben und die Gemüsebrühe dazugießen. Dabei gut umrühren. Danach das Ragout zugedeckt 15 Minuten leicht köcheln lassen. Vor dem Servieren mit der Sahne verfeinern und mit den Kräutern bestäuben.

### Tipp

Dazu passt Kartoffelpüree oder Reis.

## K Auberginenintopf mit Kokosnuss

**Zubereitungszeit: ca. 20 Min.**
**für 2 Personen**
**ca. 250 kcal pro Portion**

*1 kleine Aubergine*
*1 rote Chilischote*
*1 gelbe Zucchini*
*1 Stange Lauch*
*1 EL Sojaöl*
*100 g ungesüßte Kokosmilch*
*1 TL Currypulver*
*40 g geschälte Mandeln*
*1 EL geh. Korianderblättchen*
*1 EL geh. Borretsch*
*1 EL geh. Basilikum*
*1 TL Sojasauce*
*Meersalz*
*Cayennepfeffer*

1. Das Gemüse putzen und waschen. Die Aubergine in große Würfel schneiden. Die Chilischote längs aufschneiden, entkernen und in Ringe schneiden. Die Zucchini in Stifte und den Lauch in schmale Ringe schneiden.

2. Das Öl im Wok erhitzen. Kokosmilch und Curry darin aufkochen lassen. Das vorbereitete Gemüse und die Mandeln hinzufügen und alles in etwa 5 Minuten bissfest kochen.

3. Korianderblättchen, Borretsch und Basilikum dazugeben und den Eintopf mit Sojasauce, Salz und Chili abschmecken.

### Tipps

Sie können das Gericht schön mit einigen blauen Borretschblüten garnieren.
Ergänzen Sie den Eintopf mit Reis oder Nudeln zu einer kompletten Mahlzeit.

## K Bandnudeln mit Gemüse-Käse-Sauce

**Zubereitungszeit: ca. 45 Min.**
**für 2 Personen**
**ca. 1090 kcal pro Portion**

*1 Stange Lauch*
*1 Zwiebel*
*1 EL Öl*
*200 ml veg. Gemüsebrühe (Instant)*
*150 g kleine Champignons*
*1 Prise Salz*
*250 g Vollkornnudeln*
*2 EL fein gemahlenes Weizenvollkornmehl*
*50 g süße Sahne*
*1 EL Butter*
*80 g Wörishofener Käse (60 % Fett i. Tr.)*

1. Den Lauch putzen, waschen und in feine Ringe schneiden. Die Zwiebel fein hacken, dann in einer Pfanne mit heißem Öl glasig dünsten.

2. Den Lauch zugeben, die Gemüsebrühe angießen und alles etwa 4 Minuten garen.

3. Die Champignons putzen, waschen und in dünne Scheiben schneiden. Sie zu dem Lauch geben und etwa 2 bis 3 Minuten garen, dann salzen.

4. In der Zwischenzeit die Nudeln in reichlich Salzwasser bissfest kochen.

5. Aus dem Mehl, der Sahne und der Butter eine Mehlschwitze bereiten, den Käse unterrühren. Die Sauce mit dem Gemüse vermischen und zu den Nudeln servieren.

## K Spaghetti in Mandelsauce

**Zubereitungszeit: ca. 30 Min.**
**Für 2 Personen**
**ca. 780 kcal pro Portion**

*200 g Spaghetti*
*etwas Meersalz*
*1 Bund kleine Schalotten*
*10 Knoblauchzehen*
*2 EL kaltgepresstes Olivenöl*
*4 EL Mandelblättchen*
*1 Msp. Chilipulver*
*1 TL Kräutersalz*
*80 ml Sahne*
*2 EL geh. Petersilie*

1. Die Nudeln in reichlich leicht gesalzenem Wasser in etwa 10 Minuten bissfest garen. Sie dann abgießen und gut abtropfen lassen.

2. In der Zwischenzeit die Schalotten putzen, schälen und klein würfeln. Die Knoblauchzehen schälen und in dünne Scheiben schneiden.

3. Das Öl in einer Pfanne nicht zu stark erhitzen und die Knoblauchscheiben darin unter Rühren goldgelb braten. Die Schalotten und die Mandeln dazugeben und alles kurz schmoren lassen.

4. Anschließend die Nudeln mit der Knoblauch-Mandel-Sauce mischen und pikant mit dem Chilipulver und dem Kräutersalz würzen.

5. Zum Schluss die Sahne angießen und alles noch einmal erwärmen. Mit der Petersilie bestreuen und sofort servieren.

## K Kartoffelragout mit Pilzen

**Zubereitungszeit: ca. 35 Min.**
**für 2 Personen**
**ca. 280 kcal pro Portion**

*200 g fest kochende Kartoffeln*
*1 Knoblauchzehe*
*1 Schalotte*
*1/2 Möhre*
*100 g Shiitakepilze*
*1 Frühlingszwiebel*
*1 Stange Staudensellerie*
*1/8 l veg. Gemüsebrühe (Instant)*
*1/2 TL Speisestärke*
*etwas Kräutersalz*
*1 Pr. gem. Chili*
*1 Pr. geriebene Muskatnuss*
*1 EL Sojasauce*
*2 EL Sojaöl*
*1 EL geh. Petersilie*

1. Die Kartoffeln, den Knoblauch, die Schalotte und die Möhre schälen, eventuell waschen und alles klein würfeln. Die Shiitakepilze abreiben, putzen und halbieren. Die Frühlingszwiebel und den Sellerie putzen, waschen und ebenfalls klein würfeln.

2. Die Brühe mit Speisestärke, Kräutersalz, Chili, Muskat und Sojasauce verrühren. Das Öl in einer Pfanne erhitzen. Schalotte und Knoblauch darin goldgelb braten. Kartoffeln, Sellerie und Möhre dazugeben und etwa 5 Minuten unter Rühren mitbraten. Zuletzt die Pilze und die Frühlingszwiebel hinzufügen.

3. Die Brühe angießen und alles etwa 10 Minuten leicht köcheln lassen. Das Gericht mit Kräutersalz und Chili abschmecken und mit gehackter Petersilie bestreut servieren.

## N Pfannengerührtes Gemüse

**Zubereitungszeit: ca. 20 Min.**
**für 2 Personen**
**ca. 270 kcal pro Portion**

*150 g thailändischer Brokkoli (ersatzweise einheimischer)*
*100 g Chinakohl*
*100 g Möhren*
*1/2 Salatgurke*
*2 Frühlingszwiebeln*
*2 Knoblauchzehen*
*100 g junge Maiskölbchen*
*100 g Zuckerschoten*
*2 EL Sesamöl*
*2 EL Sojasauce*
*2 EL Reiswein*
*1 TL Honig*
*Meersalz, Cayennepfeffer*

1. Das Gemüse putzen und waschen. Die Stiele und Blätter des thailändischen Brokkolis in breite Streifen schneiden. Den heimischen Brokkoli in Röschen teilen und die Stiele in Scheiben schneiden.

2. Den Kohl in Streifen, die Möhren in Stifte und die Gurke in Würfel schneiden. Das Grün der Frühlingszwiebeln in etwa 5 cm lange Stücke schneiden und die Knollen halbieren. Den Knoblauch schälen und fein hacken. Die Maiskölbchen längs halbieren. Die Zuckerschoten halbieren.

3. Das Öl erhitzen. Den Knoblauch darin anbraten. Das restliche Gemüse hinzufügen und alles unter Rühren etwa 10 Minuten bei mittlerer Hitze braten. Das Gemüse mit Sojasauce, Reiswein, Honig, Salz und Cayennepfeffer abschmecken.

### Warenkunde

Thai-Brokkoli gehört in Thailand zu den Alltagsgemüsen. Er kann sehr gut durch Mangold oder heimischen Brokkoli ersetzt werden.

## K Gebratene Nudeln mit Feldsalat

**Zubereitungszeit: ca. 40 Min.**
**für 2 Personen**
**ca. 790 kcal pro Portion**

*200 g spiralförmige Nudeln*
*etwas Meersalz*
*1 dicke Gemüsezwiebel*
*1 rote Paprikaschote*
*2 EL Sonnenblumenöl*
*1 TL Kräutersalz*
*100 g Wörishofener Käse, 60 % Fett i. Tr.*
*200 g Feldsalat*
*1 kleine Zwiebel*
*1 EL kaltgepresstes Olivenöl*
*2 EL saure Sahne*
*1 EL Obstessig*
*2 EL geh. Petersilie*
*8 Kirschtomaten*

1. Die Nudeln in leicht gesalzenem Wasser in etwa 10 Minuten bissfest garen. Sie abgießen und gut abtropfen lassen.

2. In der Zwischenzeit die Zwiebel schälen und in Spalten schneiden. Die Paprikaschote waschen, entkernen und in kleine Rauten schneiden.

3. Zwiebeln und Paprika in heißem Öl andünsten. Dann die Nudeln hinzufügen. Alles leicht salzen und kräftig anbraten.

4. Den Käse in Scheiben schneiden und auf die Nudel-Gemüse-Mischung legen. Bei geringer Hitze so lange dünsten, bis der Käse geschmolzen ist.

5. Inzwischen den Salat putzen, waschen, abtropfen lassen und auf 2 Tellern verteilen. Für die Salatsauce die Zwiebel schälen und fein hacken. Sie mit Olivenöl, 80 ml Wasser, Sahne, Obstessig, etwas Salz und der gehackten Petersilie verrühren.

6. Die Kirschtomaten waschen und halbieren. Die Sauce über den Salat gießen, mit den Tomaten garnieren und zu den Nudeln servieren.

## K Risotto mit Pilzen

**Zubereitungszeit: ca. 45 Min.**
**für 2 Personen**
**ca. 410 kcal pro Portion**

*5 g getrocknete Steinpilze*
*150 g frische Steinpilze*
*1 kleine Zwiebel*
*1 EL Butter*
*150 g Vollkorn-Rundreis*
*450 ml veg. Gemüsebrühe (Instant)*
*50 g Schafskäse*
*1 EL geh. Petersilie*

1. Die getrockneten Steinpilze etwa 30 Minuten in 50 ml lauwarmem Wasser einweichen. Sie dann herausnehmen, das Einweichwasser verwahren und die Pilze fein würfeln. Die frischen Pilze mit Küchenkrepp abreiben und in Scheiben schneiden.

2. Die Zwiebel schälen und fein hacken. Die Butter in einem Topf zerlassen und die Zwiebel darin glasig dünsten. Die Pilze hinzufügen und kurz mitdünsten. Den Reis hineingeben und alles gut verrühren.

3. Die Brühe portionsweise dazugießen. Jeweils verkochen lassen und dann erst Brühe nachgießen. Diesen Vorgang so lange wiederholen, bis der Reis bissfest gegart ist. Zum Schluss Schafskäse und Petersilie unter den Reis mischen.

### *Tipp*

Essen Sie zu dem Risotto einen frischen Blattsalat aus der neutralen Gruppe.

## E Blumenkohlauflauf

**Zubereitungszeit: ca. 30 Min.**
**Garzeit: ca. 45 Min.**
**für 2 Personen**
**ca. 340 kcal pro Portion**

*1/2 Blumenkohl*
*1/2 TL Meersalz*
*etwas Butter für die Form*
*250 g Tomaten*
*1 kleine Gemüsezwiebel*
*1/2 EL Sonnenblumenöl*
*4 große Eier*
*4 EL Sahne*
*1/2 TL Kräutersalz*
*1/2 TL Paprikapulver (edelsüß)*
*1 Msp. frisch geriebene Muskatnuss*
*1/2 kleiner Bund Schnittlauch*

1. Den Blumenkohl putzen, waschen und in kleine Röschen teilen. In wenig leicht gesalzenem Wasser zugedeckt etwa 10 Minuten garen. Dann die Röschen herausnehmen, abtropfen lassen und in eine gefettete Auflaufform setzen.

2. Die Tomaten mit kochendem Wasser überbrühen, kurz mit kaltem Wasser abschrecken, häuten, entkernen und das Fruchtfleisch in kleine Würfel schneiden.

3. Die Zwiebel schälen, ebenfalls würfeln und in dem Sonnenblumenöl glasig dünsten. Die Zwiebelwürfel mit den Tomatenstückchen mischen und beides gleichmäßig auf dem Blumenkohl verteilen. Den Backofen auf 175 °C (Umluft 150 °C, Gas Stufe 2) vorheizen.

4. Die Eier mit 4 Esslöffeln Wasser und der Sahne verquirlen. Das Ganze mit dem Salz, dem Paprikapulver und der Muskatnuss kräftig würzen. Dann die Eiermilch über das Gemüse gießen. Im Backofen etwa 3/4 Stunde stocken lassen.

5. Den Schnittlauch waschen, trockenschütteln, in kleine Röllchen schneiden und auf dem Gemüseauflauf verteilen.

### *Warenkunde*

Frischen Blumenkohl erkennt man an knackigen Blättern und einem festen Strunk. Im Gemüsefach des Kühlschranks bleibt er 3 bis 4 Tage frisch. Vor dem Lagern jedoch die Blätter entfernen!

## E Brokkoli in Weinsauce

**Zubereitungszeit: ca. 30 Min.**
**für 2 Personen**
**ca. 560 kcal pro Portion**

*500 g Brokkoli*
*1 Knoblauchzehe*
*$1^1/_2$ EL kaltgepresstes Olivenöl*
*etwas Meersalz*
*$^1/_8$ l trockener Weißwein*
*100 ml Sahne*
*2 Eigelb*
*3 EL Mandelblättchen*

1. Den Brokkoli waschen, putzen und in kleine Röschen teilen. Die übrig gebliebenen Stiele schälen und in Stifte schneiden. Die Knoblauchzehe schälen und fein würfeln.

2. Das Öl in einem Topf erhitzen und den Knoblauch darin goldgelb dünsten, nicht bräunen. Den Brokkoli hinzufügen, salzen und unter Rühren anbraten. Mit dem Wein ablöschen und alles zugedeckt etwa 15 Minuten bei geringer Hitze köcheln lassen.

3. Dann den Brokkoli herausnehmen und warm stellen. Die Sahne mit den Eigelben verquirlen, unter den Sud rühren und mit Salz abschmecken. Die Sauce über den Brokkoli gießen und mit den Mandelblättchen bestreut servieren.

### Tipps

Statt des Weißweins können Sie auch Wasser verwenden. Dann zählt dieses Gericht zur neutralen Kost und kann mit Reis oder Kartoffeln kombiniert werden. Die Mandeln schmecken noch kerniger, wenn Sie sie vorher in einer trockenen Pfanne leicht rösten.

## K Gemüsepaella

**Zubereitungszeit: ca. 1 Std.**
**für 2 Personen**
**ca. 650 kcal pro Portion**

*1 kleine Zucchini*
*1 rote Paprikaschote*
*125 g kleine Champignons*
*1 Zwiebel*
*1 Knoblauchzehe*
*6 EL kaltgepresstes Olivenöl*
*100 g Vollkorn-Basmatireis*
*½ TL Safran*
*300 ml veg. Gemüsebrühe (Instant)*
*½ Aubergine*
*2 TL Meersalz*
*4 EL TK-Erbsen*
*12 geschälte Mandeln*
*12 schwarze Oliven*
*1 TL Kräutersalz*
*1 Bund glattblättrige Petersilie*

### Tipp

Wenn Sie keinen Vollkorn-Basmatireis bekommen oder diesen Duftreis nicht so gerne essen, können Sie auch Vollkorn-Langkornreis nehmen.

1. Die Zucchini putzen, waschen und in fingerdicke Stifte schneiden. Die Paprikaschote waschen, vierteln, putzen und in schmale Streifen schneiden. Die Champignons mit Küchenkrepp abreiben und putzen.

2. Die Zwiebel und den Knoblauch schälen und beides fein würfeln. 2 Esslöffel Öl in einer Pfanne erhitzen und Zwiebel sowie Knoblauch darin glasig dünsten.

3. Den Reis dazugeben und kurz mitbraten. Den Safran darüber stäuben, das restliche Gemüse und die Pilze hinzufügen. Alles unter Rühren schmoren lassen.

4. Dann die Reismischung mit der Gemüsebrühe ablöschen und bei mittlerer Hitze etwa 25 Minuten garen.

5. Inzwischen die Aubergine waschen und in 1 cm breite Scheiben schneiden, diese mit Salz bestreuen und 10 Minuten ziehen lassen. Trockentupfen und in einer weiteren Pfanne in 4 Esslöffeln Öl von jeder Seite braun braten.

6. Die Erbsen, die Mandeln und die Oliven zur Paella geben und alles etwa 5 Minuten weitergaren bis die Flüssigkeit fast ganz aufgesogen ist. Mit Kräutersalz würzen.

7. Zum Schluss die Auberginenscheiben dekorativ auf die Paella setzen. Mit der gewaschenen Petersilie garnieren und in der Pfanne servieren.

### Warenkunde

Die Olive zählt zu den ältesten Kulturpflanzen des Mittelmeerraumes. Frisch geerntete Oliven sind ungenießbar und müssen erst für mehrere Monate in Öl, Wasser und Salz eingelegt werden. Oliven kommen häufig entkernt und mit Paprika, Mandeln oder Kapern gefüllt auf den Markt.
Grüne Oliven enthalten etwas mehr Fett als schwarze Oliven. Aufgrund seines hohen Gehalts an einfach ungesättigten Fettsäuren ist das Olivenöl aber besonders empfehlenswert.

## K Schnelle Pizza

**Zubereitungszeit: ca. 35 Min.**
**für 2 Personen**
**ca. 950 kcal pro Portion**

*150 g fein gemahlenes Weizenvollkornmehl*
*5 EL kaltgepresstes Olivenöl*
*1 Eigelb*
*80 g Quark, 20 % Fett i. Tr.*
*1/2 P. Backpulver*
*1/2 TL Meersalz*
*1 Gemüsezwiebel*
*1 TL getr. Oregano*
*1/4 TL Chilipulver*
*180 g Edelpilzkäse, 60 % Fett i. Tr. (z. B. Gorgonzola)*

1. Für den Teig das Weizenvollkornmehl, 4 Esslöffel Öl, das Eigelb, Quark, Backpulver und 1/2 Teelöffel Salz in eine große Schüssel geben und alle Zutaten gut miteinander verkneten. Der Teig sollte weich sein, aber nicht kleben.

2. Eine Pizzaform oder runde Backform (28 cm Ø) mit etwas Butter ausfetten und den Teig gleichmäßig darauf verteilen. Ihn anschließend mit einer Gabel mehrmals einstechen, damit er sich beim Backen nicht wölbt.

3. Den Backofen auf 250 °C (Umluft 190 °C, Gas Stufe 5) vorheizen. Die Zwiebel schälen und in feine Streifen schneiden. Sie dann in 1 Esslöffel Olivenöl andünsten, mit 1/4 Teelöffel Salz, Oregano und Chili würzen.

4. Die Zwiebelmischung auf dem Teig verteilen. Den Käse zerbröckeln und über die Pizza streuen. Die Pizzaform in den Ofen schieben und auf der mittleren Schiene etwa 12 Minuten backen.

## N Zucchinigemüse

**Zubereitungszeit: ca. 15 Min.**
**für 2 Personen**
**ca. 150 kcal pro Portion**

### *Tipp*

Servieren Sie das Zucchinigemüse zu der schnellen Pizza mit Zwiebeln und Edelpilzkäse. Selbstverständlich eignen sich auch alle anderen neutralen Salat- oder Gemüsebeilagen zur kohlenhydratreichen Pizza.

*500 g Zucchini*
*8 Knoblauchzehen*
*2 EL kaltgepresstes Olivenöl*
*etwas Meersalz*
*2–3 EL geh. Oreganoblättchen*

1. Die Zucchini waschen und die Enden abschneiden. Sie dann der Länge nach vierteln und in etwa 1 cm große Stücke schneiden. Den Knoblauch schälen und grob hacken.

2. Das Öl in einer großen Pfanne erhitzen und den Knoblauch darin anbraten. Das Gemüse hinzufügen, unter Rühren gut durchschmoren lassen und mit Salz würzen. Vor dem Servieren mit den gehackten Oreganoblättchen bestreuen.

# Alphabetisches Rezeptverzeichnis

# Rezeptverzeichnis nach Gruppen

### *Kohlenhydratgruppe*



### *neutrale Gruppe*



### *Eiweißgruppe*



## *Sachwortverzeichnis*

Im FALKEN Verlag sind zahlreiche Titel zum Thema „Trennkost" erschienen.
Sie erhalten sie überall dort, wo es Bücher gibt.

Sie finden uns im Internet: **www.falken.de**

Dieses Buch wurde auf chlorfrei gebleichtem und säurefreiem Papier gedruckt.

Der Text dieses Buches entspricht den Regeln der neuen deutschen Rechtschreibung.

ISBN 3 8068 2837 7



**Umschlaggestaltung:** Peter Udo Pinzer
**Layout:** Christina Dinkel, Wiesbaden
**Redaktion:** Anja Halveland
**Lektorat:** Tanja Dostal, Idstein
**Herstellung:** Ramona Burkart
**Umschlagfotos:** vorne: **Klaus Arras**, Köln (Rezeptfoto), **Heike Hartung**, Hofheim (Porträt), hinten: **TLC Foto Studio GmbH**, Velen-Ramsdorf
**Rezeptfotos: TLC Foto Studio GmbH**, Velen-Ramsdorf
**Weitere Fotos im Innenteil: TLC Foto Studio GmbH**, Velen-Ramsdorf: S. 1, 2 rechts, 4; **Ulrich Kopp**, Füssen: S. 12/13; **FALKEN Archiv:** S. 2 links, 5, 6, 9

**Satz:** Lohse Design, Büttelborn
**Reproduktion:** Lithotronic, Frankfurt am Main
**Druck:** Appl, Wemding

817 2635 4453 6271